Lernstrategie Jura

ISBN: 3-8311-4319-6

10.- Euro

I

KARL-FRIEDRICH LENZ

Lernstrategie Jura

Webadresse: k.lenz.name

Kyoju (Professor) für Deutsches Recht und Europarecht

Universität Aoyama Gakuin, Tokio

Herstellung: Books on Demand GmbH, Norderstedt

www.bod.de

ISBN: 3-8311-4319-6

Inhaltsverzeichnis

Wozu dieses Buch?

"The turning point came when the mechanics of the storage of knowledge within the brain was worked out. Once that had been done, it became possible to devise Educational tapes that would modify the mechanics in such a way as to place within the mind a body of knowledge ready-made so to speak."

Asimov, Profession.

"Was soll der Titel 'Lernstrategie Jura' bedeuten?", fragte Sabine Meier.

Sabine hatte gerade mit ihrem Jurastudium angefangen. Bisher hatte sie wenig Erfahrung mit dem Gegenstand. Sie hatte bereits einige Vorlesungen gehört, in verschiedenen Lehrbüchern gelesen und auch schon einmal eine Entscheidung des Bundesverfassungsgerichts in der amtlichen Entscheidungssammlung nachgeschlagen.

Sie hatte aber noch keinen Überblick über das Fach. Und sie wusste im Moment auch noch nicht, was sie später eigentlich mit ihrem im Studium erworbenen Wissen und ihren Staatsexamina anfangen will. All das ist am Anfang völlig normal.

Sabine war durchschnittlich begabt. So wie ich mir die Mehrheit der Leser dieses Buches vorstelle. Ich schreibe nicht für die kleine Minderheit von Superjuristen. Die machen auch ohne meine mehr oder weniger guten Ratschläge ein hervorragendes Examen. Und ich schreibe auch nicht für die hoffnungslos Unbegabten. Denen ist ohnehin nicht zu helfen.

Ich denke an die große Mehrheit der durchschnittlichen

Studenten. Diesen soll dies Buch helfen, mehr Spaß am Studium zu finden und ein um einige Punkte besseres Examen zu machen.

Um auf die Frage von Sabine Meier zu antworten: Es geht um effektives Lernen, für das Fachgebiet Jura.

"Was hat das mit Strategie zu tun?"

Es geht um die grundlegenden Entscheidungen, antwortete ich. *Ausserdem ist es ein interessanter Buchtitel*, dachte ich mir, aber sagte es nicht.

"Zum Beispiel?"

Fangen wir mit einer simplen Überlegung an. Zu welchem Zweck lernen Sie in ihrem Studium?

"Vor allem für ein gutes Examen."

Und wie macht man ein gutes Examen?

"Woher soll ich das wissen? Ich dachte, Sie erklären mir das in diesem Buch."

Das war eine rhetorische Frage, sagte ich nicht. Die Antwort ist einfach. Sie müssen nur die Super-Lernmethode anwenden. Nämlich den richtigen Stoff mit der richtigen Methode lernen.

"Was ist der richtige Stoff?"

Idealerweise genau das, was in den Examensklausuren abgefragt wird, die in Ihrem Prüfungstermin gestellt werden.

"Die kenne ich aber vorher nicht."

Genau. Wir können aber trotzdem einige strategische Überlegungen zu diesem Punkt anstellen.

"Und die richtige Methode?"

Gibt es nicht. Jeder muss seine eigene Methode finden. Ich kann nur einige Hinweise und Anregungen geben.

"Sie wollen mir zumuten, selber über effektive Lernmethoden nachzudenken? Zu was lese ich dann dieses Buch?" *Gut, dass ich es nicht gekauft habe, sondern in der Bibliothek lese*, dachte Sabine.

Allerdings. *Selber denken macht schlau.* Das ist der erste große Grundsatz dieses Buches. Machen Sie sich das von Anfang an klar. Kennen Sie *Asimov*?

"*Isaac Asimov*, den Science-fiction Autor?"

Eben den. Er hat eine phantastische Geschichte mit dem Titel "Profession" geschrieben. Kennen Sie die?

"Ist mir kein Begriff. Aber was soll Science-fiction mit Lernmethoden zu tun haben?"

Es ist eine Geschichte über das Lernen im Jahre 6500. Eine Menge von *Asimovs* Büchern behandelt in Wirklichkeit nicht Technik, sondern Gesellschaft. In der Geschichte findet alle Erziehung an zwei Tagen statt:

Der erste Tag ist der "Lesetag", im Alter von acht Jahren. Alle Kinder lernen an diesem Tag das Lesen, mit einer entsprechenden Lernmaschine. Der zweite Tag ist der "Tag der Erziehung". Mit achtzehn Jahren wird jedem der Inhalt eines Informationsspeichers als vordefiniertes Wissen in den Kopf überspielt. Verstehen Sie den Zusammenhang zu unserer Fragestellung?

"Nein."

Nun, vorhin habe ich gesagt, Sie müssen vor allem selber denken. Das wird mit dem Gedankenexperiment von *Asimov* anschaulich. Stellen Sie sich einen Moment lang vor, Ihr ganzes Jurastudium wäre in einem Tag erledigt, wie in der Geschichte von *Asimov*. Sie werden an eine Maschine angeschlossen und bekommen eine erhebliche Menge vordefinierter Informationen in ihr Langzeitgedächtnis eingespielt. Sehen Sie, weshalb das für das Fach Jura unmöglich funktionieren kann?

"Nein. Scheint mir eine effektive Methode zu sein. Das ganze Studium in einem Tag abgeschlossen: schneller kann es ja wohl nicht gehen", sagte Sabine.

Da haben Sie recht. Die reine Ansammlung von Wissen geht mit einer solchen Maschine natürlich sehr viel schneller. Sie hat nur den Nachteil, dass sie heute noch nicht existiert. Vielleicht in ein paar tausend Jahren. Darum geht es aber nicht. Vielmehr müssen Sie sich von Anfang an klar machen, dass eine reine Ansammlung von vordefiniertem Wissen für einen Juristen nie ausreichend sein kann.

"Warum nicht?"

Weil es vor allem darauf ankommt, das vordefinierte Wissen auch *anzuwenden*. Nehmen Sie irgendeine Entscheidung des Bundesverfassungsgerichts. Die Richter, die diese Entscheidung verfasst haben, konnten den Text nirgends nachschlagen. Sie mussten selber denken, um ihn zu schreiben. Die Anwälte, die in dem Verfahren Schriftsätze eingereicht haben, konnten den Text dieser Schriftsätze nirgends nachschlagen. Sie mussten selber denken, um ihn zu schreiben.

Dazu kommt, dass das vordefinierte Wissen viel zu schnell veralten würde. Wenn Sie Astronomie studieren, brauchen Sie nicht damit zu rechnen, dass das Sonnensystem sich alle paar Jahre erheblich ändert. Das ist bei uns anders. Ständig werden die Gesetze geändert, erscheinen neue Entscheidungen der Gerichte und neue Ansichten in der Literatur. Nach fünf oder zehn Jahren ist der meiste Teil des vordefinierten Wissens nicht mehr aktuell.

"Das leuchtet mir ein. Es geht also nicht nur darum, Wissen im Langzeitgedächtnis zu speichern."

Genau. Natürlich ist auch eine Menge vordefinierter Informationen erforderlich. Aber das ist eben nicht alles. Jedenfalls meine ich, dass Sie letztlich selbst entscheiden müssen, welche

4

Lernmethode für Sie am besten funktioniert. Ich werde nur einige Hinweise geben, die hoffentlich bei dieser Entscheidung helfen können.

"Wir reden also über Stoffauswahl und über Lernmethoden. Damit bleibt die Frage: Warum haben Sie dieses Buch geschrieben?"

Wozu dieses Buch? Ich meine, dass die Frage nach der Lernstrategie für jeden wichtig ist, der sich ernsthaft mit Jura beschäftigt. Was meinen Sie, welche Faktoren sind wichtig für den Erfolg im Examen?

"Es wird vor allem darauf ankommen, möglichst viel Zeit und Energie in das Studium zu investieren."

Da haben Sie recht. Ohne Zeitaufwand geht es nicht. Sie werden in den Jahren bis zum Examen Tausende von Stunden für Ihr Studium aufwenden. Aber das werden andere Studenten auch. Im Examen geht es vor allem darum, weniger Fehler zu machen als andere. Allein die Anzahl der aufgewendeten Stunden ist dafür nicht entscheidend.

"Die pädagogische Begabung der Professoren, bei denen ich Vorlesungen höre?"

Das ist sicher auch ein wichtiger Faktor. Aber auch hier sind individuelle Unterschiede wenig bedeutend. Viele andere hören genau bei den selben Dozenten die selben Fächer wie Sie.

"Also werde ich mich wohl auf meine Begabung für das Fach verlassen müssen."

In der Tat ist das der erste individuelle Faktor für den Examenserfolg, den Sie bisher genannt haben. Dieser Faktor hat nur einen nicht ganz unbedeutenden Nachteil. Sie haben keinen Einfluss darauf. Und ich auch nicht. Wenn Sie ganz im Sinne der phantastischen Lernmaschinen von *Asimov* eine Maschine bauen könnten, die Ihren Intelligenzquotienten verdoppelt oder Ihre Begabung für das Fach verdreifacht, wäre das anders. Würde allerdings immer noch nicht viel helfen, weil alle anderen Konkurrenten dann vermutlich ebenfalls Zugang zu einer solchen Maschine hätten. Immerhin kann ich Ihnen den Geheimtipp geben, ganz unter uns, dass ein regelmäßiges tägliches Programm von zehn Minuten Nasenbohren mit dem linken Ringfinger im rechten Nasenloch ihren Intelligenzquotienten nicht unerheblich steigern kann. Eine alte chinesische Geheimlehre.

"Sehr witzig. Jeder weiß, dass nur der rechte Ringfinger im linken Nasenloch wirklich hilft. Also, was ist nun wirklich der entscheidende Faktor?"

Die Lernstrategie. Mit einer ungeeigneten Lernstrategie erreichen Sie bei gleichem Aufwand, gleichen Dozenten, gleicher Intelligenz und gleicher Begabung sehr viel weniger als mit einer optimalen Lernstrategie. Und selbst geringe Unterschiede wirken sich im Examen im Endergebnis ganz erheblich aus.

"Ich verstehe. Es wird also nötig sein, sich über solche Fragen einige Gedanken zu machen. Nur eines ist mir noch nicht klar."

Was ist das?

"Wie sollen mir Ihre Geheimrezepte helfen, wenn alle anderen Konkurrenten diese auch lesen können?"

Kein Problem. Nur eine kleine Minderheit von Studenten macht sich irgendwelche Gedanken über die Lernstrategie. Sie gehören zu dieser Elite.

Ranglisten von Paragrafen

> "..., wenn man sich in einem Gedanken-
> experiment einmal eine Gesetzesausgabe vor-
> stellt, die die erfaßten Vorschriften in der Reihen-
> folge ihrer Wichtigkeit abdruckt. In einer solchen
> Ausgabe wäre § 242 BGB (Grundsatz von Treu
> und Glauben) zweifellos weit vor § 240 BGB
> (Pflicht zur Ergänzung von Sicherheiten) abge-
> druckt."
>
> *Lenz*, Das Ungewöhnlichste im Recht, 1992, 14.

Mission Impossible. Sie haben keine Chance. Das Unternehmen ist völlig aussichtslos. Selbst wenn Sie tausend Jahre
lang studieren und jeden Tag zwanzig Stunden investieren.

Gehen Sie in die Bibliothek Ihrer Fakultät und werfen Sie
einen Blick auf die geballte Masse der dort stehenden Bücher.
Auf die hohen Türme der Regale und die tiefen Schluchten
dazwischen. Sie werden sofort verstehen, dass Sie dies nie
alles lesen können.

Woran liegt das? Warum kann es nicht eine hübsch be-
schränkte Anzahl von Buchseiten geben, die jeder liest und
lernt, und damit ist dann Schluss? Drei Bücher, oder höchstens
zehn?

Es gibt zwei Gründe dafür.

Der erste Grund ist, dass ständig mehrere Tausende von
Autoren daran sitzen, neue Texte zu schreiben. Richter, Professoren, an der Gesetzgebung beteiligte Politiker und Minis-
terialbeamte. Alle diese Autoren schreiben ständig und ver-
größern damit die Menge der insgesamt zur Verfügung

stehenden Information. Zwar schreibt jeder einzelne von ihnen viel langsamer, als Sie lesen können, mindestens um den Faktor zehn. Aber Sie als einzelner Leser stehen eben Tausenden von Autoren gegenüber.

Daraus ergibt sich übrigens auch, dass selbst wenn Ihnen jemand mit einer *Asimov*schen Lernmaschine die Gesamtheit aller je veröffentlichten juristischen Texte in Ihr Langzeitgedächtnis überspielen könnte, Sie schon vom nächsten Tag an keinerlei Chance hätten, diesen Stand perfekter Information auch beizubehalten.

Der zweite Grund ist, dass Sie als Anfänger in einem Jurastudium nicht nur mit der Produktion von Texten aus dem letzten Jahr zu tun haben. Vielmehr ist der Gegenstand des Studiums die Gesamtmenge von Information, die sich aus einer Ansammlung von veröffentlichten Texten über viele Jahre und Jahrzehnte hinweg ergeben hat.

Eine andere Begründung für die Aussichtslosigkeit der Vorstellung, alles lesen und lernen zu wollen, ergibt sich aus einem Blick auf die juristische Datenbank JURIS.

Dort sind allein mehrere hunderttausend Gerichtsentscheidungen gespeichert. Wieviel Prozent dieser Informationsmenge können Sie in den paar tausend Stunden lernen, die Sie bis zum Examen zur Verfügung haben? Mehr als zwei Prozent? *Wirklich*? Geben Sie zu, selbst ein Prozent ist schwierig bis unrealistisch.

Also, geben Sie jetzt sofort die Vorstellung ein für allemal auf, Sie könnten alles lernen, was an Informationen irgendwie erreichbar ist. Sie müssen auswählen.

*   *   *   *   *

"Welche Strategie empfehlen Sie für die Stoffauswahl?"

fragte Sabine Meier.

Das Wichtigste zuerst.

"Klingt vernünftig. Woher weiß ich, was das Wichtigste ist?"

Genau können Sie das nie wissen. Wir haben schon festgestellt, dass Sie nicht im Voraus wissen können, welcher Stoff in Ihren Examensklausuren abgefragt wird.

"Hört sich an wie eine Lotterie. Ich kann höchstens ein Prozent der insgesamt verfügbaren Informationen auch lernen. Und ob die dann gerade in meinen Klausuren abgefragt wird, ist reine Glückssache."

Das lässt sich leider weitgehend überhaupt nicht bestreiten. Glück gehört auch zu einem guten Examen. Sie können aber ihre Chancen verbessern, wenn Sie den Stoff richtig auswählen.

"Sie meinen, in der Examenslotterie werden manche Zahlen häufiger gezogen als andere?"

Genau. In einer echten Lotterie ist es rein vom Zufall abhängig, welche Zahlen in der nächsten Ziehung drankommen. Sie können aus einer Statistik von in der Vergangenheit getippten und gezogenen Zahlen nicht auf die Zahlen schließen, die in der nächsten Ausspielung gezogen werden. Sie können nur aus der Statistik entnehmen, welche Zahlen so häufig angekreuzt werden, dass die Quote sinkt, wenn Sie mit diesen Zahlen gewinnen sollten.

"Aha. Ich soll also schauen, welchen Stoff die Konkurrenz lernt. Und dann meinen Schwerpunkt anders setzen. Wenn dann meine Schwerpunktsetzung in der Lotterie gezogen wird, habe ich einen um so größeren Vorteil davon."

Das wäre in der Tat die richtige Strategie bei einer Lotterie. Wenn Sie schon Geld für einen Lottoschein ausgeben, wollen Sie die 19 und die 7 und die 13 vermeiden, weil die so viele andere Spieler ankreuzen, dass Sie für fünf richtige Zahlen nur ein paar tausend Euro bezahlt bekommen.

"Aber im Examen ist es anders?"

Allerdings. Im Examen sollten Sie sich daran orientieren, welcher Stoff objektiv gesehen am wichtigsten ist. Die Wahrscheinlichkeit dafür, dass dieser dann auch abgefragt wird, ist dann nämlich größer. Und wenn Sie mit Ihrer Schwerpunktsetzung falsch liegen sollten, können Sie dann wenigstens über die unfähigen Aufgabensteller schimpfen, die offenbar die objektive Wichtigkeit der verschiedenen Informationen falsch eingeschätzt haben. Das verbessert zwar das Ergebnis nicht, hilft aber dabei, den Schock eines schlechten Ergebnisses zu verarbeiten.

Danke. Ich hoffe, dass ich diese Sorte Hilfe nicht brauchen werde, dachte Sabine Meier, und sagte: "Aber gibt es denn eine objektive Rangfolge der Wichtigkeit von Informationen?"

Ja.

"Wirklich? Wie sieht diese Rangfolge aus?"

Habe ich alles schon vor Jahren unter www.toptext.com ins Internet gestellt.

"Das kann schon sein. Aber ich habe mir die Seite bisher nie angesehen. Was steht denn da?"

Zum Beispiel der Gleichheitssatz.

"Gleichheitssatz? Meinen Sie das Grundrecht auf Gleichheit in Artikel 3 des Grundgesetzes?" fragte Sabine Meier. Sie hatte davon schon in einer ihrer Vorlesungen gehört.

Ja. Der Gleichheitssatz ist der *Yokotsuna* des Grundgesetzes.

"Yokotsuna?"

Der oberste Großmeister. Das ist der höchste Rang beim *Sumo*, dem japanischen Nationalsport. Scheint in letzter Zeit auch in Europa populär zu werden, vor allem in England, und vor allem auch beim weiblichen Publikum. Egal. Jedenfalls steht Artikel 3 absolut an der Spitze. Deshalb sollten Sie bei Ihren Studien zum Verfassungsrecht bei den Fragen der Gleichheit anfangen.

"Wer sagt das? Ist die Gleichheitsfrage ihr persönliches Hobby? Oder gibt es irgendeinen objektiven Grund für Ihre Einschätzung?"

In der Tat gibt es einen objektiven Grund. Schauen Sie wieder in die Datenbank JURIS, Abteilung Rechtsprechung. Wenn Sie der Reihe nach jeden Artikel des Grundgesetzes als Suchanfrage eingeben, erhalten Sie Zahlenwerte über die Anzahl zu der jeweils gespeicherten Anzahl von Entscheidungen. Raten Sie mal, welcher Artikel des Grundgesetzes als einziger auf über zehntausend Entscheidungen in der Datenbank kommt.

"Artikel 3?"

Richtig! Das ist vermutlich keine besondere Überraschung, nach dem was ich Ihnen bisher gesagt habe.

"Und wieso soll ich mit diesem Artikel anfangen?"

Weil die Chance dafür, dass Rechtsfragen hierzu im Examen vorkommen, relativ größer ist als bei jeder anderen Vorschrift des Grundgesetzes. Schauen Sie sich nur einmal die auf der Internet-Seite des Bundesverfassungsgerichts veröffentlichten Entscheidungen der letzten Jahre an. Sie werden sofort sehen, dass auch hier Gleichheitsfragen sehr häufig auftauchen.

"Aber wenn die Aufgabensteller das nicht wissen?"

Dann haben Sie wenigstens etwas gelernt, was für die spätere Tätigkeit in der Praxis besonders wichtig ist. Ein gutes Examen ist noch keine gute Karriere. Und ein schlechtes garantiert auch noch keinen Misserfolg. Das Examen ist nur die Eintrittskarte für den Start zum Rennen. Wenn Sie nicht nur die Eintrittskarte, sondern auch wirklich für die Praxis wichtiges Wissen haben, werden Sie ihren Weg auf jeden Fall machen.

"Aber ist es nicht eine fürchterlich lästige und aufwendige Kleinarbeit, in einer solchen Weise die relative Bedeutung von Vorschriften über die Datenbank JURIS zu ermitteln?"

So groß ist der Aufwand gar nicht, vor allem, wenn wie beim Grundgesetz die Anzahl der Vorschriften von vornherein relativ gering ist. Etwa eine Stunde reicht schon. Die Investition zahlt sich mit einer größeren Wahrscheinlichkeit der Nützlichkeit des Gelernten sicher aus. Sie können auch einfach mit den Ranglisten arbeiten, die ich Ihnen in diesem Buch liefere.

"Gibt es nicht auch einfachere Möglichkeiten, die relative Wichtigkeit von Vorschriften zu erfassen?"

Ja. Nehmen Sie zum Beispiel das BGB. Wenn Sie da alle Vorschriften der Reihe nach in JURIS abfragen, brauchen Sie *eine Menge* Zeit. Nehmen Sie statt dessen - oder als Vorauswahl - einen Kommentar zur Hand. Etwa den *Palandt*. Blättern Sie darin und schauen Sie, welche Vorschriften die längste Kommentierung haben. Schon haben Sie Ihre Rangfolge, auch wenn dies nicht ganz unabhängig von den persönlichen Vorlieben und Interessen der Autoren des betreffenden Kommentars ist.

"Dann werden aber doch die Kriterien für die Rangfolge beliebig und sind nicht mehr objektiv."

Das stimmt. Aber das schadet nicht besonders. Die wichtigsten Vorschriften stehen nämlich erfahrungsgemäß nach jedem halbwegs vernünftigen Kriterium an der Spitze. Und es kommt auch nicht darauf an, ob eine Vorschrift auf Platz 17 oder 21 landet. Sondern es kommt darauf an, ob sie irgendwo in der Gegend um Platz 19 oder eher in der Gegend um Platz 910 liegt (bei einem langen Gesetz wie dem BGB mit mehreren tausend Vorschriften). Wichtig ist vor allem, dass Sie sich überhaupt um eine objektive Rangfolge bei der Stoffauswahl bemühen, auch wenn das Ziel einer absolut objektiven Rangfolge nie vollständig erreicht werden kann. Sie werden dann immer einem Kandidaten überlegen sein, der sich diese Rangfolge nicht bewusst macht und planlos drauf los lernt. Zum Beispiel beim BGB mit § 1 oder einfach irgendwo anfängt statt wie richtig mit § 823.

"Und was ist mit Gerichtsentscheidungen? Wie wähle ich die aus?"

Überhaupt nicht.

"Was soll das heißen? Wie soll ich ein Examen bestehen, wenn ich nicht weiß, welche Rechtsprechung in den Klausuren abgefragt wird und diese Rechtsprechung vorher lernen kann?"

Ganz einfach. Die anderen wissen es auch nicht.

"Warum nicht?"

Es gibt zu viele Gerichtsentscheidungen. Wie ich schon sagte, in JURIS sind Hunderttausende davon gespeichert. Niemand kann eine objektive Rangfolge der Wichtigkeit unter diesen Entscheidungen bilden.

"Aber alle lernen die Rechtsprechung."

Natürlich. Bloß müssen Sie sich von der Vorstellung verabschieden, dass Sie in Ihren Examensklausuren genau nach den Entscheidungen gefragt werden, die Sie gerade gelernt haben. Die statistischen Aussichten hierfür sind gering.

"Gibt es wirklich keine objektive Möglichkeit zur Auswahl von Rechtsprechung?"

Wenn Sie eine kennen, wäre ich sehr daran interessiert, sie zu erfahren. Und wenn Sie eine Methode erfinden, die Rechtsprechung vorherzusagen, die in ihrem Examenstermin abgefragt wird, brauchen Sie das Examen gar nicht erst zu machen. Sie können sofort ein Vermögen als Repetitor verdienen. Nur glaube ich, dass diese Vorhersage ebenso wie die Vorhersage von Börsenkursen ein prinzipiell aussichtsloses Unternehmen ist. Sie sollten jedenfalls nicht ihre Lernstrategie darauf aufbauen. Ich fürchte also, in bezug auf die Rechtsprechung müssen andere Auswahlkriterien als die Wahrscheinlichkeit des Vorkommens in Ihrem Examenstermin ausreichen.

"Welche sind das?"

Zum einen der Grundsatz "Neu vor alt". Die Chance, dass eine Entscheidung aus den letzten Jahren in Examensklausuren aufgegriffen wird, ist relativ größer. Zum anderen der enorm wichtige Grundsatz "Spaß zuerst".

"Spaß zuerst?"

Dazu kommen wir jetzt gleich.

Spaß zuerst

"Interessant ist das Jurastudium."

Däubler-Gmelin, Zum Geleit, in: Herzberg/Ipsen/Schreiber, Effizient studieren: Rechtswissenschaften, 1999.

Zur Erklärung dieses Grundsatzes beginne ich mit einem einfachen Gedankenexperiment. Man stelle sich den Beruf des Nummernwissers vor.

Ein Nummernwisser hat ein staatlich garantiertes Monopol, in einem ihm vorbehaltenen Gebiet Auskünfte über alle möglichen Nummern zu erteilen. Das sind vor allem Telefonnummern. Aber auch Adressen im Internet, sogenannte I.P.-Nummern.

Niemand darf ohne staatliche Zulassung als registrierter Nummernwisser solche Auskünfte anbieten. Auch automatische und computergestützte Angebote sind den Nummernwissern vorbehalten. Zum Beispiel die gesamte Verwaltung sogenannter *domains*, also Namen von Rechnern im Internet. Weil mit der schnellen und nachhaltigen Entwicklung des Internet der Bedarf an Nummerauskünften ständig steigt, die Anzahl der Nummernwisser aber durch ein schwieriges Examen sehr knapp gehalten wird, liegt das durchschnittliche Einkommen eines Nummernwissers bei über 500.000 Euro pro Jahr.

Zur Vorbereitung auf das erste numerologische Staatsexamen studiert man einige Jahre lang an einer numerologischen Fakultät. Weil die Durchfallquote bei diesem Examen bei über 97 Prozent liegt, stehen die Studenten von

Anfang an unter einem enormen Druck. Der an der numerologischen Fakultät gelehrte Stoff ist der Inhalt aller Telefonbücher Deutschlands. Diese sind bis zum Examen auswendig zu lernen.

Kreatives Denken ist an der numerologischen Fakultät nicht gefragt. Zwar wäre es durchaus möglich, sich Telefonnummern auszudenken, die in der realen Welt nicht existieren. Damit könnten aber die Kunden des Nummernwissers nichts anfangen. Der Nummernwisser soll (im Gegensatz zum Juristen) sein Wissen nicht anwenden und daraus etwas Neues schaffen, sondern einfach nur ausgeben, unverändert, so wie es ist.

Das Studium an der numerologischen Fakultät wäre ein idealer Kandidat für eine der *Asimov*schen Lernmaschinen. Es geht nur darum, Wissen in das Langzeitgedächtnis der Lernenden zu überspielen. Selber denken ist weder nötig noch auch nur erlaubt. An der juristischen Fakultät ist das anders.

Der juristische Stoff ist weiter auch anders als der an der numerologischen Fakultät von unterschiedlicher Wichtigkeit. Ebenso wie die Summe aller Telefonbücher ist die Menge der potenziell lernbaren Information wesentlich umfangreicher als die Menge der in wenigen tausend Stunden tatsächlich lernbaren Information. Aber anders als bei Telefonnummern läßt sich bei den juristischen Informationen eine Rangfolge der Wichtigkeit zur Stoffauswahl erstellen.

Hier geht es aber vor allem um einen anderen Gesichtspunkt.

Die Studenten an der numerologischen Fakultät werden spätestens nach einigen Wochen feststellen, dass der Gegenstand an Langweiligkeit nicht zu überbieten ist. Eine Nummer wie die andere.

Im Gegensatz dazu ist ein großer Anteil des juristischen Stoffes spannend wie ein guter Kriminalroman. Einer der bestverkauften Autoren der Welt, *John Grisham*, hat viele seiner fesselnden Bücher über juristische Themen geschrieben.

Wenn Sie in einem Lehrbuch eine kurze Bemerkung über eine Entscheidung etwa des Bundesgerichtshofes lesen, dann steht dahinter eine umfangreiche Geschichte. Anders als in den Romanen von *Grisham* haben in einem Zivilprozess bis zum Bundesgerichtshof echte Menschen jahrelang gegeneinander gestritten, mit großem Aufwand an Zeit und Geld und Energie. Das wird in der kurzen Zusammenfassung im Lehrbuch vielleicht nicht so deutlich.

Aber immer ist eine Entscheidung des Bundesgerichtshofes über einen Zivilprozess das Ende eines langen Weges, einer langen Geschichte.

Der Grundsatz "Spaß zuerst" bedeutet nun nichts weiter, als in der unüberschaubar großen Anzahl von Entscheidungen, Lehrmeinungen, Diskussionen vor allem solche zu suchen, die dem Lernenden persönlich interessant erscheinen.

Die Gründe dafür haben viel mit der idealen Lernmethode zu tun. Daher werden sie unten noch näher erläutert. Hier sei zunächst nur die These ohne nähere Begründung gestattet, dass man den Stoff auch einfach danach aussuchen sollte, was interessant erscheint.

* * * * *

"Studieren soll Spaß machen? Sind Sie verrückt geworden? Seit wann macht Arbeit Spaß?" fragte Sabine Meier. Ihr Tonfall ließ erkennen, dass der Grundsatz "Spaß zuerst" sie noch nicht überzeugt hatte.

Verrückt geworden. Ich zögere, dem ohne Einschränkungen sofort zustimmen zu wollen. Wissen Sie, weshalb ich dieses

Buch schreibe?

"Nein."

Weil es *mir* Spaß macht. Und ich kann trotzdem guten Gewissens behaupten, dass es auch meine Arbeit ist. Wieso darf Arbeit keinen Spaß machen? Wo steht das im Grundgesetz?

Sabine Meier sagte nichts. In ihren Vorlesungen war noch kein Artikel des Grundgesetzes vorgekommen, der so etwas angeordnet hätte.

Das ist alles meine Schuld. Ich habe Sie hier mit einem Grundsatz "Spaß zuerst" überfallen, ohne die Gründe dafür zuerst zu nennen. Kein Wunder, dass Sie überrascht sind. Schon sehen Sie, welches Unheil der Urteilsstil anrichten kann. Glauben Sie mir wenigstens, dass Jura mehr interessante Fragen bietet als ihr Telefonbuch?

"Natürlich. Das will aber nicht viel heißen. Telefonbücher lernt sowieso niemand auswendig."

Erlauben Sie mir eine einfache Frage. Was ist ihre Arbeit als Studentin?

"Studieren. Möglichst viel Wissen in den Jahren bis zum Examen ansammeln. Ich rechne mit einer Menge Arbeit."

Genau. Aber woher wissen Sie jetzt schon, dass das alles langweilig sein muss? Immerhin habe ich einige Jahrzehnte mehr Erfahrung mit dem Gebiet als Sie. Und ich bin fest davon überzeugt, dass es unerhört spannende Fragen in unserem Fachgebiet gibt. Sie müssen Sie nur finden und lernen, sich dafür zu begeistern.

"Klingt gut. Wenn ich einen Weg finde, mich für den Stoff zu begeistern, dann empfinde ich die Arbeit nicht als lästig und beschwerlich und mühsam. Können Sie mir dabei helfen?"

Aber natürlich. Jedenfalls werde ich mein Bestes geben, um eben das zu tun. Später. Jetzt will ich nur noch einmal festhalten, dass ihre Arbeit, das Lernen von juristischem Stoff, Spaß machen kann und sogar sollte. Sehen Sie das jetzt ein?

"Ich bin noch nicht überzeugt. Aber mir gefällt die Idee. Ich hoffe, Sie haben recht."

Ich auch, dachte ich.

* * * * *

Ich habe in diesem Buch viel über effektive Lernmethoden zu sagen. Viele Empfehlungen und Ideen, von denen ich hoffe, dass einige Ihnen helfen können. Aber die wichtigste davon ist der Grundsatz "Spaß zuerst".

Bisher habe ich die Gründe dafür noch nicht genannt. Es sind zwei.

Der erste betrifft die Effektivität des Lernens. Diese wird in der kognitiven Lernpsychologie allgemein mit der Einheit des "*Einstein*" gemessen. Das ist zwar von mir frei erfunden, könnte aber genauso gut wahr sein.

Was ist ein "*Einstein*"? Die Einheit wird durch zwei Faktoren definiert. Auf der einen Seite eine Menge an Information. Auf der anderen Seite Zeit.

Ein "*Einstein*" könnte etwa definiert werden als ein Megabyte pro Stunde. Sie erreichen diese absolut geniale Geschwindigkeit, wenn Sie in der Lage sind, Ihrem Langzeitgedächtnis in jeder Stunde Lernaufwand ein Megabyte an Informationen zuzuführen. Sie können gerne auch eine andere Definition wählen. Wie gesagt, ich habe diese Einheit sowieso gerade eben frei erfunden.

Es kommt mir hier nur auf das grundlegende Konzept an. Informationsmenge pro Lernstunde. Wenn Sie statt "Informationsmenge" etwa "Entfernung" setzen, sehen Sie, dass dies einfach eine Einheit für Geschwindigkeit ist.

Unser Ziel ist es, möglichst viel Wissen pro Stunde im Langzeitgedächtnis zu behalten. Wir wollen lieber im Flugzeug sitzen als zu Fuß gehen.

Der erste Grund für "Spaß zuerst" ist, dass diese Geschwindigkeit steigt.

Sehen wir uns die verschiedenen Formen von Lernen etwas näher an. Man kann ein Buch lesen. Man kann eine Vorlesung hören. Man kann mit anderen Studenten in einer Arbeitsgruppe den Stoff diskutieren.

Wenn man ein beliebiges Buch liest, wird man immer nur einen Teil der dort vorhandenen Information im Gedächtnis behalten. Ich habe bereits einige Bücher *geschrieben*, und selbst ich als Autor habe keineswegs jedes Wort in Erinnerung, das ich je irgendwo veröffentlicht habe. Sie können vermutlich einen größeren Teil der Informationen in einem guten Buch im Langzeitgedächtnis behalten, wenn Sie dieses hundert Mal abschreiben; dies ist aber mit einem nicht unerheblichen zusätzlichen Zeitaufwand verbunden.

Wenn man eine beliebige Vorlesung hört, wird man immer nur einen Teil der dort angebotenen Informationen im Langzeitgedächtnis behalten. Ich habe bereits selbst eine nicht unerhebliche Anzahl von Vorlesungen *gehalten*, und selbst ich als Vortragender habe keineswegs jedes Wort in Erinnerung, das ich je in irgendeiner Veranstaltung gesagt habe. Sie können vermutlich einen größeren Anteil der Informationen in einer Vorlesung im Langzeitgedächtnis behalten, wenn Sie sich Notizen machen und diese später häufiger zur Wiederholung verwenden; dies ist aber mit einem nicht unerheblichen zusätzlichen Zeitaufwand verbunden.

Wenn man in einer beliebigen Arbeitsgruppe ein beliebiges Thema diskutiert, wird man immer nur einen Teil der dort behandelten Informationen im Langzeitgedächtnis behalten.

20

In allen Fällen gibt es einen Teil, der vergessen wird. Das ist unvermeidbar.

Der springende Punkt ist nun, dass dieser Teil um so niedriger ist, je mehr Interesse man für die betreffende Information aufbringt.

Stellen Sie sich etwa den Idealfall vor, dass Sie selbst als Partei an einem Prozess beteiligt sind. Wie etwa die Klage des jungen Jurastudenten, der im Frühjahr 2002 vor dem Europäischen Gerichtshof behauptet, die Wehrpflicht nur für Männer sei mit dem Verbot der Diskriminierung im Europarecht nicht vereinbar. Wenn der Gerichtshof entschieden hat, wird dieser Student keinerlei Schwierigkeiten haben, sich das Ergebnis zu merken. Wenn er nämlich verliert, muss er für neun Monate zur Bundeswehr. Wenn er gewinnt, kann er sich das sparen.

Sie lernen pro Stunde Zeitaufwand mehr Informationen auf Dauer, wenn Sie sich für den Gegenstand begeistern können. Wenn es Spaß macht, sich damit zu beschäftigen. Wenn Sie immer noch mehr darüber wissen wollen.

Sie werden nie auf eine Geschwindigkeit von einem *Einstein* kommen. Ein Megabyte pro Stunde ist absolut unrealistisch.

Wenn Sie aber mit einer Geschwindigkeit von 7,7 *Millieinstein* lernen, die Konkurrenz aber im Schnitt nur auf 2,5 *Millieinstein* kommt, haben Sie einen Vorteil um einen Faktor von mehr als drei. Dies scheint mir ein lohnendes Ziel zu sein.

Der erste Grund für "Spaß zuerst" ist die Tatsache, dass der Grundsatz zur Effektivität des Lernens beiträgt. Sie behalten mehr bei gleichem Aufwand.

Nun zum zweiten Grund.

Die insgesamt gelernte Informationsmenge hängt von zwei Faktoren ab. Erstens der Geschwindigkeit, gemessen in *Milli-*

einstein oder einer ähnlichen Einheit, und zweitens der Gesamtzahl der aufgewendeten Stunden. Sie ergibt sich durch einfache Multiplikation dieser beiden Faktoren.

"Spaß zuerst" führt dazu, dass Sie insgesamt mehr Zeit aufwenden. Wenn Sie mit Begeisterung zur Sache gehen, werden Sie *gerne* in der Bibliothek sitzen. Und damit auch länger, als wenn Sie nur mit Widerwillen und ohne Interesse lernen.

Wie läßt sich dieser Grundsatz nun durchführen? Wie begeistert man sich für juristische Fragen?

Das hängt natürlich stark von individuellen Faktoren ab. Ich kann aber doch einige Anregungen aus meiner eigenen Erfahrung beitragen.

Erstens. Suchen Sie nach Fragen, wo eine bestimmte Behandlung einer Sachfrage in der Rechtsprechung Ihnen nicht einleuchtet. Stellen Sie sich vor, Sie seien wegen Ihrer herausragenden Begabung zwei Monate nach Beginn Ihres Jurastudiums zum Richter am Bundesverfassungsgericht berufen (der Richter, den Sie ablösen, steht Ihnen für die erste Zeit noch als Berater unterstützend zur Verfügung). Stellen Sie sich das vor, und fragen Sie, bei welchen der zahlreichen Entscheidungen des Gerichts Sie *anderer Meinung* sind als die Mehrheit der Richter, die für diese Entscheidung gestimmt haben.

Wenn Sie eine solche Entscheidung (am besten natürlich zu einem der wichtigsten Artikel des Grundgesetzes, am Anfang vielleicht am besten zum Gleichheitssatz) gefunden haben, dann fragen Sie sich, wie Sie die Argumentation der Mehrheit widerlegen können.

Dabei wird nicht zu vermeiden sein, dass Sie mit einer Erfahrung von zwei Monaten Studium möglicherweise der geballten Überzeugungskraft und Klarheit der Argumentation der Mehrheit wenig entgegensetzen können. Sie werden kaum eine Chance haben, gegen die Mehrheit zu gewinnen. Das macht aber nichts. Denn es kommt in der Realität darauf sowieso nicht an.

Natürlich ist nicht auszuschließen, dass Sie einen Einwand finden, der von allen am Verfahren beteiligten Anwälten und Richtern übersehen wurde. Diesen veröffentlichen Sie dann in einer Urteilsbesprechung im Internet (dazu brauchen Sie keine Genehmigung einer Zeitschriftenredaktion). Einige Tage später hat sich Ihr Einwand herumgesprochen. Alle halten ihn für überzeugend. Die Ansicht der Mehrheit liegt am Boden zerstört.

All dies wird sehr wahrscheinlich nicht passieren. Es kommt aber darauf eben nicht an. Denn selbst in diesem unwahrscheinlichen Fall bleibt die bereits feststehende Entscheidung des Gerichts unverändert.

Machen Sie sich also keine Gedanken darüber, ob Sie mit Ihren naturgemäß noch beschränkten Waffen die Mehrheitsmeinung versenken können oder nicht. Es kommt nur darauf an, dass Sie sich überhaupt motiviert fühlen, dagegen anzugehen.

Weshalb ist dies eine zuverlässige und starke Quelle von Motivation?

Ich spreche hier zum einen aus persönlicher Erfahrung. Ich habe häufig eine Frage deshalb besonders vertieft, weil ich mit ihrer Behandlung in der derzeitigen Praxis nicht einverstanden war.

Zum anderen sollten Sie sich frühzeitig klarmachen, dass juristische Fragen häufig heiß umstritten sind. Auch und gerade unter den an echten Verfahren beteiligten Juristen.

Ein Zivilprozeß zum Beispiel kann gar nicht erst entstehen, wenn sich die Parteien ohne eine Gerichtsentscheidung einigen können. Die Parteien müssen unterschiedlicher Ansicht sein (wenn auch nicht notwendig zu den Rechtsfragen, die der Prozeß aufwirft, sondern vielleicht nur über die

Beweislage). Sonst können sie das Verfahren viel billiger in fünf Minuten in einem Vergleich erledigen.

Und in der Praxis stehen Sie als Jurist häufig auf einer der Seiten in dem Streit. Das gilt vor allem für die große Mehrheit von Juristen, die als Anwälte arbeiten.

Wenn Sie, wie oben empfohlen, eine Frage aussuchen, wo Sie mit der Entscheidung eines Gerichts nicht einverstanden sind, dann treten Sie damit selbst in den Ring. Sie nehmen an dem Streit teil. Das kann dazu führen, wie ich aus Erfahrung weiß, dass Sie sich engagieren, mit allen Ihnen zur Verfügung stehenden rhetorischen und juristischen Mitteln für eine Seite Partei ergreifen. Und das wiederum führt notwendig dazu, dass Sie den einschlägigen Rechtsfragen mit großer Energie und lebhaftem Interesse nachgehen.

Im Idealfall versetzen Sie sich in die Lage der Partei, die Ihrer Ansicht nach in dem Verfahren zu Unrecht verloren hat. Oder in die des Anwalts dieser Partei. Überlegen Sie, wie *Sie* in dieser Sache argumentiert hätten. Und versuchen Sie auch, sich die negativen Konsequenzen der Niederlage so zu verdeutlichen, als hätte es Sie selbst getroffen.

Denken Sie noch einmal an den oben genannten Jurastudenten, der gegen die Wehrpflicht nur für Männer klagt. Er braucht sich nicht in die Rolle einer Partei versetzen. Er ist schon Partei. Und er wird den fraglichen Rechtsfragen mit einer idealen Motivation nachgehen.

Eine andere Quelle von Energie und Interesse ist der eigene Stolz.

Suchen Sie eine Frage, die wirklich wichtig ist, und von der Sie bisher überhaupt nichts verstehen.

Am Anfang des Studiums ist letztere Bedingung besonders leicht zu erfüllen. Logischerweise wissen Sie noch sehr wenig. Ein Loch an einer wichtigen Stelle im Wissen finden Sie daher verhältnismäßig leicht und schnell.

Bei der Suche nach einer wirklich wichtigen Frage empfehle ich das oben genannte Verfahren, die wichtigsten Vorschriften zuerst zu behandeln.

Nehmen Sie also etwa für die Behandlung des Grundgesetzes nicht etwa irgendeine Frage auf, sondern als erstes Fragen der Gleichbehandlung. Und lesen Sie zu diesen Fragen so viele Entscheidungen und Kommentare und Lehrbuchstellen und Aufsätze, dass Sie keinesfalls mehr guten Gewissens behaupten können, den Gleichheitssatz nicht zu verstehen.

Bei diesem Verfahren ist die Wiederholung automatisch eingebaut. Sie lesen zahlreiche Texte zum gleichen Thema. Damit bleibt das entsprechende Wissen unvermeidlich im Langzeitgedächtnis.

Im Idealfall geht dieser Beschäftigung mit einer Wissenslücke an einer besonders wichtigen Frage eine Niederlage voraus. Sie wurden in einer Arbeitsgruppe von einem Kollegen gefragt, wie die unterschiedliche steuerliche Behandlung von Renten und Pensionen mit dem Gleichheitssatz vereinbar sei. *Gleichheitssatz? Welcher Gleichheitssatz?* fragten Sie sich, völlig ahnungslos. Der Kollege lachte Sie gründlich aus und hielt Ihnen einen kurzen Vortrag über die neueste Rechtsprechung des Verfassungsgerichts zu dem Thema, sein überlegenes Wissen provokativ zur Schau getragen.

Über eine derartige Niederlage sollten Sie sich *freuen*. Oder über eine misslungene Klausur, wo der Korrektor in eine Anmerkung schreibt, dass Sie die Vorschrift XY übersehen haben, die zum absoluten Grundwissen jedes ernsthaften Juristen gehört.

Denn Sie können diese Niederlage in Energie umsetzen. *Das passiert mir nicht noch einmal*, können Sie sich sagen, und dann eine derartige Frage für einige Stunden so gründlich studieren, dass Sie die betreffenden Punkte noch absolut sicher im Langzeitgedächtnis verankert haben, wenn Ihre

Enkel das zweite Staatsexamen machen.

Drittens ist auch nicht auszuschließen, dass Sie in einer gut und interessant dargebotenen Vorlesung auf eine Frage stoßen, die Ihr Interesse findet. Wenn Sie umgekehrt alle Lehrbücher und Vorlesungen und Aufsätze zwar lesen, aber nie die Erfahrung machen, dass eine Frage sie *interessiert*, dann sollten Sie möglicherweise überlegen, ob eine Karriere im juristischen Bereich wirklich Ihren persönlichen Neigungen entspricht.

Denkbar ist schließlich auch eine Betrachtung vom Markt her. Suchen Sie nach einem Rechtsgebiet, von dem eine Menge Geld abhängt. Etwa Patentrecht oder Steuerrecht. Suchen Sie sich daraus irgendein Spezialgebiet, etwa die Patentierung von Biotechnologie oder die Erbschaftssteuer. Investieren Sie in die Beschäftigung mit diesem Spezialgebiet so viel Zeit, dass Sie es völlig beherrschen.

Denken Sie dabei immer an das viele Geld, das Sie mit diesen Spezialkenntnissen später verdienen können.

Dies funktioniert logischerweise nur dann, wenn Sie sich für Geld begeistern können. Dann kann auch diese Methode ein gewisses Maß an Energie und Interesse liefern. Ich glaube aber, dass die anderen oben genannten Mittel wirksamer sind.

*   *   *   *   *

Anton Müller war mit dem Abendessen fertig. Er hatte für sich und seine Freundin Sabine Meier gekocht. Es hatte beiden hervorragend geschmeckt. Ein guter Wein zum Essen hatte die sowieso schon gute Stimmung noch verbessert. Die beiden saßen nebeneinander auf dem Sofa in Antons Wohnzimmer.

Sabines Rock war leicht hoch gerutscht. Anton streckte seine Hand nach ihrem Oberschenkel aus.

"Ich habe eine phantastisch falsche Entscheidung gefunden", sagte Sabine Meier in diesem Moment.

"Wirklich?", sagte Anton und zog seine Hand von ihr zurück. "Das müssen wir sofort besprechen."

Ich habe noch nichts dazu gesagt, wie Sabine aussah. Damit der Leser keinen falschen Eindruck erhält, sei nur angemerkt, dass sie jung war (logisch), schlank, hübsch, auf eine gepflegte Erscheinung achtete und erheblichen Eindruck bei ihren Kommilitonen des anderen Geschlechts machte. Sie hatte viele Verehrer.

Und dennoch zog er seine Hand zurück? Weil die Diskussion einer Gerichtsentscheidung wichtiger war? Habe ich jeden Bezug zur Realität verloren?

Natürlich. Ich habe die beiden frei erfunden, also kann ich auch frei darüber entscheiden, wie sie sich in meinem Buch verhalten. Wenn ich schreiben wollte, dass sie mitten in voller Fahrt anfangen, juristische Fragen zu diskutieren, dann könnte ich das tun. *Das* wäre fern von jeder Realität, wie ich gerne zugeben würde.

Auch wenn wenig Hoffnung besteht, dass irgendein Jura-student die Beschäftigung mit seinem Fach mit einer ähnlichen Intensität verfolgt wie die - auch körperliche - Beschäftigung mit seiner Freundin, so ist doch auch nicht völlig auszuschließen, dass unter der nicht unerheblichen Anzahl solcher Studenten *wenigstens einer* ist, der den Dialog oben liest und sich sagt, *genau, logisch, was sollte Anton wohl sonst tun.*

Darum geht es aber letztlich nicht. Ich verwende diese Zeilen nur, um ein Ideal zu deutlich zu machen. Das niemals erreicht werden wird, aber deshalb doch als Ziel möglich ist.

Das Ideal der Motivation ist erreicht, wenn ein Student (oder eine Studentin) alles stehen und liegen lassen würde, sich für Nebensachen wie Essen oder Schlaf oder Sex nicht mehr interessiert, weil die Beschäftigung mit einer interessanten juristischen Frage Vorrang hat.

Ein solches Ideal wird ebensowenig irgendjemand erreichen wie eine Lerngeschwindigkeit von 20 *Einstein*, also 20 Megabyte pro Lernstunde.

Aber in meinem Buch darf ich träumen, nicht wahr?

*   *   *   *   *

Sabine Meier rieb an ihrer Wunderlampe. Einige Momente später strömte eine lila Rauchwolke aus der Lampe und nahm Gestalt an. Ein Dschinni, mit einem Schwert in der Hand und einer schwarzen Sonnenbrille vor den Augen. Weil es sich um einen *juristischen* Dschinni handelte, hatte er sein Aussehen ein wenig an der *Justitia* orientiert, die als Statue vor Gerichten zu sehen ist. Der Dschinni lachte sie aus (juristische Dschinnis sind arrogant):

"Hallo! So ein blödes Gesicht habe ich ja noch nie gesehen. Ha, Ha, Ha, Ha, Ha! Was hast du erwartet? Eine Schlange? Einen Elefanten? Eine Mondrakete? Aus Wunderlampen kommen *Dschinnis*! Das weiß doch jeder. Du glaubst vermutlich, dass ich dir jetzt drei Wünsche erfülle?"

"Ja", antwortete Sabine, leicht verärgert über diese Frechheit. "Das wäre wohl das normale Verfahren in dieser Situation."

"Ho, Ho, Ho, Ho, Ho! Das könnte dir so passen! Ich denke gar nicht daran! Du bekommst nur einen Wunsch, und den musst du aus einer Liste auswählen, die *ich* bestimme!"

Mist, dachte sich Sabine und sagte: "Na gut. Was sind die drei Wünsche?"

"Pass gut auf, ich sage die Liste nur einmal. Nummer eins.

28

Die gesamte Datenbank JURIS in deinem Langzeitgedächtnis. Nummer zwei. Die Fähigkeit, klarer und überzeugender zu argumentieren als jeder andere Jurist auf dem Planeten. Nummer drei. Unendliche Lustgefühle bei der Beschäftigung mit allen juristischen Fragen. Was ist deine Wahl?"

"Hmmm. Das ist eine schwierige Alternative," sagte Sabine. "Laß mich einen Moment überlegen."

"Ha, Ha, Ha, Ha! Dieser Wunsch ist nicht auf der Liste! Damit ist deine Chance vorbei." Der Dschinni lachte sie höhnisch aus und verschwand wieder.

Damit wissen wir nicht, wie Sabine sich entschieden hätte. Wie hätten Sie sich entschieden? Ich selbst würde vermutlich Nummer zwei wählen, obwohl Nummer drei (das Thema dieses Kapitels) auch nicht ohne Reiz wäre. Nummer eins ist offensichtlich die absolute Niete in der Liste, vermutlich eher schädlich als nützlich.

Neu vor alt

> "Drei berichtigende Worte des Gesetzgebers und ganze Bibliotheken werden zu Makulatur."
>
> *v. Kirchmann*, Die Wertlosigkeit der Jurisprudenz als Wissenschaft, 1948, Nachdruck Heidelberg 1988, 28 f.

Dieser Grundsatz ist eine weitere einfache Methode zur Stoffauswahl.

Wenn Sie am Anfang noch unsicher sind, wie Sie am besten in ein Rechtsgebiet einsteigen, empfehle ich folgende Methode.

Nehmen Sie eine Rangliste der praktischen Wichtigkeit von Paragrafen zur Hand. Für die wichtigsten Gesetze habe ich Ihnen solche Ranglisten schon in diesem Buch zur Verfügung gestellt.

Suchen Sie dann nach einer Quelle für neue Entscheidungen. Für Entscheidungen des Bundesverfassungsgerichts können Sie die Internet-Seite des Gerichts verwenden, die vorbildlich ausgestaltet ist. Auch die Rechtsprechung des Europäischen Gerichtshofes finden Sie im Internet gut dokumentiert (wenn Sie sich mit Europarecht beschäftigen sollten).

Wenn die Rechtsprechung über das Internet nicht greifbar ist, können Sie immer auf die amtliche Entscheidungssammlung zurückgreifen, die in Ihrer Bibliothek verfügbar sein sollte.

Mit der Rangliste der Paragrafen als Wegweiser fangen Sie nun bei den neuesten Entscheidungen an. Etwa bei dem neuesten Band der amtlichen Entscheidungssammlung. Suchen Sie die erste Entscheidung zu der Vorschrift, die an der Spitze der Liste steht und beschäftigen Sie sich damit. Möglicherweise müssen Sie einige Bände in der Entscheidungssammlung oder einige Monate oder gar Jahre im Internet-Angebot zurückgehen, bis diese erste Entscheidung zu finden ist.

Beschäftigen Sie sich mit der gefundenen Entscheidung. Fragen Sie sich vor allem, ob Sie mit dem Ergebnis einverstanden sind. Wenn Sie als Richter anders entschieden hätten, haben Sie einen großen Treffer gelandet. Eine solche Situation gibt einen besonderen Motivationsschub. In diesem Fall haben Sie die ideale Situation: Sie studieren eine neue Entscheidung zu einer der wichtigsten Vorschriften des Gesetzes mit idealer Motivation. Verwenden Sie dann einige Zeit auf den Versuch, die Ansicht der Entscheidung zu widerlegen.

Anderenfalls nehmen Sie die Entscheidung zur Kenntnis. Am besten schreiben Sie eine kurze Zusammenfassung in einem oder zwei Absätzen. Das ist aktives Lernen. Und dann gehen Sie weiter zurück und suchen nach der nächsten Entscheidung zu dem Paragrafen, mit dem Sie sich beschäftigen.

Dies wiederholen Sie, bis Sie endlich auf eine Entscheidung treffen, die nach Ihrer Ansicht so phantastisch falsch ist, dass Sie sich richtig darin verbeißen können.

Anwendungsfertigkeiten vor Wissen

> "Überblick über das Recht, juristisches Verständnis und Fähigkeit zu methodischem Arbeiten sollen im Vordergrund von Aufgabenstellung und Leistungsbewertung stehen."
>
> § 4 Abs. 2 Satz 2 Bayerische Ausbildungs- und Prüfungsordnung für Juristen (JAPO) in der Fassung der Bekanntmachung vom 16. April 1993, GVBl. S. 335.

Vor kurzem hatte ich Gelegenheit, den Vortrag eines amerikanischen Professors über die Juristenausbildung an amerikanischen *Law Schools* zu hören, nämlich den Dekan der *Law School* an der Universität Hawaii, Professor *Foster*. Der Kollege führte aus, dass es den Dozenten an einer amerikanischen *Law School* nur in zweiter Linie darum gehe, Wissen zu vermitteln. Der überwiegende Teil der Zeit werde vielmehr darauf verwendet, Fertigkeiten zu lehren.

Dies wurde besonders plastisch durch folgende persönliche Begebenheit aus der eigenen Erfahrung von Professor *Foster*. Er hatte nach seinem Studium und erfolgreichen Examen als junger Anwalt als einen seiner ersten Fälle eine Frage aus dem Vertragsrecht zu bearbeiten. Prima, dachte er sich, und holte seine Notizen zur Vorlesung über Vertragsrecht hervor, um den Fall zu lösen. Leider stellte sich sehr schnell heraus, dass die betreffende Frage in der Vorlesung nicht behandelt worden war. Das schadete ihm aber überhaupt nicht, weil er durch seine Ausbildung die *Fähigkeit* erworben hatte, die nötigen Informationen durch Recherche in Büchern und

Datenbanken schnell zu sammeln.

Den Amerikanern bleibt gar nichts übrig, als einen Schwerpunkt mehr auf Fähigkeiten als auf Wissen zu legen. Die Studenten an der *Law School* sind im Schnitt schon über fünfundzwanzig Jahre alt, wenn sie mit dem Studium *anfangen*. Und das Studium dauert nur drei Jahre. Das bedeutet, dass durch ihr fortgeschrittenes Alter weniger aufnahmebereite Studenten weniger Jahre für das Studium verwenden als deutsche Jurastudenten. Um so weniger vordefiniertes Wissen können sie in diesen drei Jahren in ihrem Langzeitgedächtnis speichern. Und um so wichtiger wird die Vermittlung von Anwendungsfähigkeiten.

Aber auch in einem deutschen Jurastudium ist bei der Auswahl der Lernziele ein vernünftiges Gleichgewicht zwischen vordefiniertem Wissen und Anwendungsfertigkeiten anzustreben.

Was meine ich mit "Anwendungsfertigkeiten"?

Das ist zum Beispiel eine richtige Anwendung von Gutachtenstil und Urteilsstil. Zur Erläuterung: Beim Urteilsstil wird wie in einem Urteil eines Gerichts das Ergebnis zuerst mitgeteilt und dann erst eine Begründung gegeben; beim Gutachtenstil ist es umgekehrt. Das ist zum Beispiel ein Überblick über die verschiedenen Methoden der Gesetzesauslegung nach dem Wortlaut, der Systematik, dem Zweck und der Geschichte eines Gesetzes. Das ist zum Beispiel die Fähigkeit, klar und überzeugend und wirksam zu argumentieren.

Alle diese Fähigkeiten kann man an jeder beliebigen Rechtsfrage schulen. Hier geht es vor allem um die strategischen Fragen der Stoffauswahl. Und meine These lautet "Anwendungsfertigkeiten vor Wissen".

Sie sollten sich als Student vor allem als Ziel setzen, Anwendungsfertigkeiten zu erwerben. Wissen ist auch wichtig, aber nur in zweiter Linie.

Dafür gibt es verschiedene Gründe.

Erstens ist der Umfang der potenziell lernbaren Informationen ohnehin weiter als der pazifische Ozean. Sie werden nie damit fertig. Die Strategie, auf jede im Examen möglicherweise vorkommende Frage einige passende Entscheidungen aus der Rechtsprechung auswendig gelernt parat zu haben, ist schon deshalb von vornherein zum Scheitern verurteilt.

Dagegen ist der Umfang der potenziell lernbaren Fähigkeiten *nicht* uferlos. Vielmehr sind die Methoden klarer und überzeugender juristischer Argumentation verhältnismäßig begrenzt. Die Strategie, auf jede beliebige Fragestellung im Examen mit einer soliden Methodik und dem auch dort zur Verfügung stehenden Gesetzestext zu antworten, ist schon deshalb erfolgversprechend, weil man mit dieser Strategie niemals eine Niete ziehen kann.

*   *   *   *   *

Fassen wir zusammen, sagte ich zu Sabine Meier. Für ein gutes Examen müssen sie den richtigen Stoff mit der richtigen Methode lernen. Welches sind die vier bisher besprochenen Methoden zur Bestimmung des richtigen Stoffes?

"Die objektive Rangordnung von Paragrafen nach ihrer Wichtigkeit, der Grundsatz 'Spaß zuerst', der Grundsatz 'Neu vor Alt' und die Betonung von Anwendungsfertigkeiten gegenüber der Ansammlung von vordefiniertem Wissen."

Warum sind Fertigkeiten wichtiger als Wissen?

"Weil Fertigkeiten garantiert in jeder Klausur nützlich sind, Wissen dagegen nur insoweit, als es gerade in der betreffenden

Klausur abgefragt wird."

Genau. Wie hoch schätzen Sie die Wahrscheinlichkeit von einem Haupttreffer ein?

"Haupttreffer?"

Die Wahrscheinlichkeit für einen Haupttreffer in der Lotterie liegt bei weniger als 1 zu 13 Millionen. Eher werden Sie am gleichen Tag zweimal vom Blitz getroffen. Glauben Sie, dass die Wahrscheinlichkeit größer ist, dass in Ihrem Examenstermin genau die Rechtsprechung abgefragt wird, die Sie auswendig gelernt haben?

"Natürlich. Sonst würde doch niemand Rechtsprechung lernen."

Nehmen wir einmal an, dass Sie zehn Prozent der Rechtsprechung aller Bundesgerichte und des Europäischen Gerichtshofes zum Zeitpunkt Ihres Examens in Ihrem Gedächtnis gespeichert haben (eine unrealistische Annahme, der wirkliche Prozentsatz dürfte auch bei guten Kandidaten viel niedriger liegen). Nehmen wir weiter an, dass in Ihrem Examenstermin 40 dieser Entscheidungen eine Rolle spielen. Die Wahrscheinlichkeit, dass Sie alle 40 in Ihrem Wissensvorrat finden, liegt dann bei 10 hoch minus vierzig.

"10 hoch minus vierzig?"

Das entspricht in etwa der Wahrscheinlichkeit, an fünf Wochen hintereinander sechs Richtige im Lotto anzukreuzen.

"Ihre Rechnung muss falsch sein."

Die Rechnung stimmt schon. Nur sind die Voraussetzungen extrem gewählt. Wenn Sie schon damit zufrieden sind, nur einen Teil der 40 Entscheidungen wiederzuerkennen, gehen die Werte für die Wahrscheinlichkeit schnell wieder in den Bereich des Möglichen zurück.

"Was soll dann die ganze Rechnerei?"

Ich will Ihnen nur von Anfang an klar machen, dass Sie unter den Bedingungen eines schriftlichen Staatsexamens niemals erwarten können, alle in Ihrem Examenstermin vorkommende Rechtsprechung im Kopf zu haben.

"Wozu soll das gut sein?"

Es soll Ihnen helfen, unrealistische Ziele zu vermeiden. Wenn Sie *wissen*, dass es aussichtslos ist, und zwar für *alle* Kandidaten, dann messen Sie nicht die eigenen Fähigkeiten an einem solchen unrealistischen Ziel und verlieren damit Selbstvertrauen. Und Selbstvertrauen ist enorm wichtig für ein gutes Examen. In die gleiche Richtung geht das *Lenz*sche Gesetz.

"Was ist denn das schon wieder?"

Die Behauptung, dass Ihr Ergebnis um so unsicherer wird, je mehr Rechtsprechung und Literatur Sie zu einer Frage kennen. Habe ich vor kurzem in meinem Buch "Zukünftiges Recht" aufgestellt.

"Das kann ja wohl unmöglich richtig sein. Sie behaupten, dass ich um so weniger weiß, je mehr Informationen ich habe?"

Keineswegs. Ich behaupte nur, dass das Ergebnis um so unsicherer wird, je mehr Informationen Sie haben. Und ich sage das hier auch wieder, um Ihnen zu helfen.

"Was soll mir das helfen?"

Um das zu verstehen, müssen wir erst einmal grundsätzlich klären, was eine gute Examensarbeit ist. Nehmen wir als Beispiel die Entscheidung des Bundesverfassungsgerichts vom Frühjahr 2002, in der das Gericht beschlossen hat, dass die unterschiedliche steuerliche Behandlung von Renten und Pensionen mit dem Gleichheitssatz unvereinbar und daher verfassungswidrig ist. Nehmen wir weiter an, diese Frage kommt jetzt in einer Examensklausur vor. Ist es dann die richtige Antwort, die Ansicht des Bundesverfassungsgerichts dieser

Klausur zugrunde zu legen, oder können Sie sich in der Klausur auch ohne Punktabzug auf den entgegengesetzten Standpunkt stellen?

"Natürlich ist es richtig, die Ansicht des Gerichts zu vertreten. Dazu lerne ich ja alle diese Entscheidungen."

Dann habe ich eine Überraschung für Sie. Es ist genau umgekehrt.

"Ich kann auch ohne Punktabzug behaupten, dass die steuerliche Ungleichbehandlung *nicht* verfassungswidrig ist?"

Genau.

"Und wie werden dann die Klausuren überhaupt bewertet, wenn es egal ist, was die Bearbeiter schreiben?"

Es ist keineswegs alles egal. Wenn Sie schreiben, dass nach Ihrer Ansicht Diebstahl nach geltendem Recht nicht strafbar ist, dann ist das schlicht falsch. Es gibt eine große Anzahl von Möglichkeiten, klar falsche Aussagen in eine Klausur zu schreiben. Auf der anderen Seite gibt es aber einen großen Bereich von Fragen, in denen eine "richtige" Antwort von vornherein nicht existiert. Dieser Bereich ist übrigens der interessantere.

"Aber wie werden dann die Klausuren bewertet, wenn in dem interessanteren Bereich keine richtigen Antworten existieren?"

Nach der Klarheit der Argumentation. Nach der Überzeugungskraft. Wenn Sie auf dem Niveau angelangt sind, klare Fehler zu vermeiden, dann geht es vor allem darum, wie gut Sie Ihre Ansicht begründen. Und nicht um das Ergebnis. Das können Sie sogar in der Rechtsprechung des Bundesverfassungsgerichts so nachlesen. Ich könnte Ihnen ein Zitat dieser Entscheidung liefern; aber ich nehme an, dass diese Frage ohnehin auf Ihr Interesse stoßen wird und Sie daher in der Lage sein werden, diese Rechtsprechung *selbst* zu finden.

"Was hat das jetzt mit Ihrem *Lenz*schen Gesetz zu tun?"

Nun, stellen Sie sich einen Moment lang vor, Sie hätten einen Haupttreffer gelandet. Sie erhalten tatsächlich Klausuren, in denen Sie alle 40 einschlägigen Entscheidungen wiedererkennen. Wird Ihre Examensnote dann viel besser sein als die eines Kandidaten, der nur zehn der Entscheidungen im Gedächtnis hat?

"Natürlich. Ich brauche dann nur noch die Ergebnisse der Entscheidungen als meine Lösungen in die Klausuren einzutragen. Und schon habe ich ein hervorragendes Examen."

Sie haben vergessen, dass es für die Bewertung nicht auf die Ergebnisse ankommt.

"Ach ja, richtig."

Der entscheidende Punkt ist, dass Sie mit vollständiger Information über Rechtsprechung und Literatur im Gegenteil nur unsicherer werden. Es ergibt sich aus der Natur der Sache, dass verschiedene Autoren von Urteilen und Aufsätzen verschiedene Ansichten vertreten. Je mehr Sie davon in einer Klausur zur Hand haben, um so weniger sind Sie in der Lage, eine eigene kraftvolle und überzeugende Argumentation zu entwickeln. Denn irgendeine dieser Ansichten wird immer mit Ihrer Ansicht in Widerspruch stehen.

"Und warum soll mir diese Überlegung in irgendeiner Weise helfen?"

Es soll Ihnen helfen, das unrealistische Ziel eines Haupttreffers gar nicht erst anzustreben.

"Ich verstehe. Ich brauche also überhaupt keine Rechtsprechung zu lernen. Das erleichtert das Studium natürlich erheblich."

Das habe ich nicht gesagt. Meine These ist nur, dass Fähigkeiten zur Anwendung des Gesetzes und zur überzeugenden Argumentation als Ziel *Vorrang* vor der Anhäufung von Rechtsprechungswissen haben. Ihr Ziel ist es nicht, Ihren Kopf in eine Unterabteilung der Datenbank JURIS zu verwandeln. Ihr Ziel muss es sein, das sich unweigerlich ansammelnde juristische Wissen effektiv anwenden zu können.

"Wieso soll sich Wissen unweigerlich ansammeln?"

Wir sind uns einig, dass Sie bis zum Examen einige tausend Stunden Zeit auf Ihr Studium aufwenden werden, nicht wahr? Es bleibt Ihnen gar nichts anderes übrig, als eine Menge Rechtsprechung zur Kenntnis zu nehmen. Ich warne hier nur vor unrealistischen Zielen. Und die These "Anwendungsfertigkeiten gehen vor Wissen" bedeutet keinesfalls, "Wissen ist überflüssig".

Ranglisten für die wichtigsten Gesetze

> "Die Inhalte des Studiums berücksichtigen
> die rechtsprechende, verwaltende und rechts-
> beratende Praxis."
>
> § 5 Abs. 3 Satz 1 Deutsches Richtergesetz.

Ranglisten für die Wichtigkeit von Paragrafen habe ich bereits früher erstellt. Und auch über das Internet verbreitet. Frühere Ranglisten in www.toptext.com waren aber nach zahlreichen Kriterien erstellt. Das Ziel war damals, die Wichtigkeit in Praxis, Wissenschaft und Ausbildung gleichmäßig in die Wertung einfließen zu lassen.

Diese frühere Fassung beruhte auf einer elektronische Ausgabe von Gesetzen im Diskettenformat, die im Beck-Verlag 1995 erschienen ist. Mein Mitautor damals war *Gottfried Pampel*.

Diesmal habe ich mich dagegen allein an der Praxis orientiert. Maßstab ist nur die Anzahl der Entscheidungen in der Datenbank Rechtsprechung von JURIS. Die Paragrafen mit den meisten Entscheidungen stehen an der Spitze.

Dafür waren einige Gründe maßgeblich.

Erstens habe ich keine Mitarbeiter und nur begrenzt Zeit für diese sehr mechanische und simple Aufgabe zur Verfügung. Daher sehe ich mich heute nicht mehr in der Lage, einen komplexeren Maßstab zu verwenden.

Zweitens ist der Maßstab der Praxis der wichtigste. Wenn Wissenschaft und Lehre an den für die Praxis am wichtigsten Fragen vorbeigehen, dann haben sie eben die Schwerpunkte falsch gesetzt. Und dabei nebenbei auch gegen § 5 Abs. 3 Satz 1 des deutschen Richtergesetzes verstoßen. Ein rein auf die Praxis beschränkter Maßstab kann sogar Impulse für Wissenschaft und Lehre geben, die Schwerpunkte stärker an der Praxis zu orientieren.

Drittens schreibe ich hier über Lernstrategie. Damit meine ich grundsätzliche Entscheidungen über die Art und den Gegenstand des Lernens. Diese sollten nicht nur auf die im Verlauf eines juristischen Berufslebens relativ kurze Zeit der Ausbildung, sondern vor allem auch auf die spätere Praxis als Kriterium achten. Wer sich an den Schwerpunkten orientiert, die sich in der gerichtlichen Praxis ergeben haben, wird als Ergebnis seines juristischen Lernens jedenfalls wirklich nütz- liche und verwertbare Kenntnisse erworben haben. Allein das hilft, zusätzlich Motivation zum Lernen zu gewinnen.

Für kürzere Gesetze wie das Grundgesetz habe ich im Früh- jahr 2002 *alle* Vorschriften der Reihe nach in die JURIS-Such- maske eingegeben und die Anzahl der jeweils dazu in der Datenbank enthaltenen Urteile notiert. Bei den längeren Gesetzen, etwa dem BGB, habe ich dagegen die frühere Fassung als Vorauswahl verwendet.

An Hand der diesmal neu ermittelten Zahlen für die Anzahl von Entscheidungen in der Datenbank Rechtsprechung von JURIS habe ich dann die unten wiedergegebenen Rangfolgen gebildet.

Dabei gebe ich hier auch jeweils die ermittelte Anzahl von Urteilen in der Größenordnung an. Auf die genaue Zahl kommt es nicht an. Sie ändert sich ständig.

Mit der Angabe der zahlenmäßigen Größenordnungen will ich dem Leser klarmachen, wie erheblich der Unterschied wirklich ist. Und wie das relative Gewicht der einzelnen Vorschriften innerhalb dieser Rangfolge aussieht.

Auch die Reihenfolge, in der ich die hier untersuchten

Gesetze darstelle, richtet sich überwiegend nach der Gesamt-zahl der zu den jeweiligen Gesetzen in der Datenbank JURIS Rechtsprechung veröffentlichten Entscheidungen.

Danach liegt das BGB mit über 133.400 an der Spitze, gefolgt von der ZPO mit über 79.900. Das Grundgesetz liegt an dritter Stelle mit über 49.300. Es folgen StPO mit über 21.500 und an letzter Stelle hier das StGB mit über 21.000. Rein rechnerisch wird deutlich, dass die praktische Bedeutung des BGB um einen Faktor von mehr als 6 über der des StGB liegt.

Diese Gewichtung findet sich auch im Examen wieder. Auch dort spielt das BGB eine erheblich wichtigere Rolle als das Strafrecht. Es empfiehlt sich, diesen Umstand bei der Gestal-tung der Lernstrategie zu berücksichtigen. Also mehr Zeit für das Bürgerliche Recht und Zivilprozessrecht aufzuwenden als für Strafrecht und Strafprozessrecht.

Das BGB liegt zwar insgesamt an der Spitze. Im Grundgesetz findet sich aber mit dem Gleichheitssatz (Artikel 3) der Spitzenreiter für das gesamte deutsche Recht. Daher bringe ich die Rangliste für das Grundgesetz zuerst.

*　*　*　*　*

Die wichtigste Vorschrift im Grundgesetz ist nach dem hier verwendeten Maßstab eindeutig Artikel 3, der Gleichheitssatz.

Im Frühjahr 2002 liegt Artikel 3 bei einer Größenordnung von mehr als 14.700 Entscheidungen in der Datenbank Recht-sprechung von JURIS. Das ist die einzige Vorschrift im Grundgesetz, die auf einen fünfstelligen Wert kommt. Auch sonst sind fünfstellige Werte im gesamten deutschen Recht eine ausgesprochen seltene Ausnahme. Soweit ersichtlich schlägt keine andere Vorschrift im deutschen Recht diesen Wert.

Da es sich um eine Vorschrift mit einem fünfstelligen Wert handelt, drucke ich hier den Wortlaut ab:

"(1) Alle Menschen sind vor dem Gesetz gleich.

(2) Männer und Frauen sind gleichberechtigt. Der Staat fördert die tatsächliche Durchsetzung der Gleichberechtigung von Frauen und Männern und wirkt auf die Beseitigung bestehender Nachteile hin.

(3) Niemand darf wegen seines Geschlechtes, seiner Abstammung, seiner Rasse, seiner Sprache, seiner Heimat und Herkunft, seines Glaubens, seiner religiösen oder politischen Anschauungen benachteiligt oder bevorzugt werden. Niemand darf wegen seiner Behinderung benachteiligt werden."

Nebenbei sei auch angemerkt: Eine ähnliche Untersuchung für die japanische Verfassung ergab ebenfalls einen Spitzenplatz mit deutlichem Abstand für den Gleichheitssatz. Allerdings ist die absolute Anzahl der Entscheidungen in einer Größenordnung um den Faktor 10 niedriger. Das Bewusstsein für Grundrechte ist also in Deutschland wesentlich stärker ausgeprägt als in Japan. Die Grundrechte prägen in Deutschland den Alltag der gerichtlichen Praxis.

Es folgt eine Gruppe von 18 Artikeln, die auf vierstellige Werte kommen. Dies sind:

Artikel 14 mit	mehr als 5,900.
Artikel 20 mit	mehr als 5,000.
Artikel 12 mit	mehr als 4,600.
Artikel 2 mit	mehr als 4,300.
Artikel 103 mit	mehr als 4,100.
Artikel 6 mit	mehr als 3,300.
Artikel 19 mit	mehr als 2,800.
Artikel 5 mit	mehr als 2,700.

Artikel 34 mit	mehr als 2,400.
Artikel 16 mit	mehr als 2,200.
Artikel 16a mit	mehr als 1,900.
Artikel 1 mit	mehr als 1,700.
Artikel 33 mit	mehr als 1,500.
Artikel 28 mit	mehr als 1,400.
Artikel 100 mit	mehr als 1,100.
Artikel 4 mit	mehr als 1,100.
Artikel 9 mit	mehr als 1,100.
Artikel 101 mit	mehr als 1,000.

Gehen Sie diese Liste durch. Beschäftigen Sie sich mit den Vorschriften in der Reihenfolge, in der sie hier genannt sind. Alles was auf einen mindestens vierstelligen Wert kommt, gehört mit absoluter Sicherheit zum wichtigsten Grundwissen eines jeden Juristen.

Weiter können Sie auch überlegen, die für die einzelnen Vorschriften verwendete Zeit proportional zu deren Bedeutung in der Praxis zu gestalten. Also etwa zehn Mal so viel Zeit für den Gleichheitssatz wie für Artikel 28 zu verwenden.

Die Summe aller Entscheidungen für alle Artikel des Grundgesetzes liegt bei einem Wert von über 73,600.

Allein auf den Gleichheitssatz entfällt davon ein Anteil von nahezu 20 Prozent. Jeder fünfte Fall zum Grundgesetz ist ein Gleichheitsfall.

Der Prozentsatz steigt noch, wenn man die Doppelzählungen ausschließt. So ist in der Zahl oben eine Entscheidung doppelt gezählt, wenn sie gleichzeitig den Gleichheitssatz (Art. 3) und das Grundrecht auf Berufsfreiheit (Art. 12) betrifft. Ohne diese Doppelzählungen liegt die

Gesamtzahl der Entscheidungen zum Grundgesetz bei einem Wert noch unter 50,000.

Dies bedeutet dann für den Gleichheitssatz einen Prozentsatz von nahezu dreißig Prozent. Danach ist *fast jeder dritte* Fall zum Grundgesetz ein Gleichheitsfall.

Die Summe für alle oben aufgeführten 19 Artikel liegt bei einem Wert von über 63,400. Das entspricht mehr als 86 Prozent der Gesamtsumme. Sie können also nach diesem Maßstab mit einem soliden Wissen zu diesen knapp 20 Artikeln des Grundgesetzes nahezu das gesamte Gebiet abdecken. Oder wenn Sie die Doppelzählungen nicht rechnen, sogar über 100 Prozent.

Jedenfalls sollten Sie diesen besonders wichtigen Artikeln auch besondere Aufmerksamkeit widmen. Wenn Sie sich mit dem Grundgesetz beschäftigen, sollten Sie mit dem Gleichheitssatz anfangen. Und den Schwerpunkt dann eindeutig auf die Grundrechte legen. Unter den Artikeln, die auf vierstellige Werte kommen, sind fast nur Grundrechte.

Wenn Sie sich erst einmal diese wichtigsten Vorschriften des Grundgesetzes erarbeitet haben, bekommen Sie damit einen Brückenkopf im feindlichen Gebiet. Von dort aus können Sie dann weiteren Stoff erobern. Aus strategischer Sicht empfehle ich, den ersten Angriff auf ein Gebiet bei den wichtigsten Fragen anzusetzen.

*   *   *   *   *

Im Bürgerlichen Gesetzbuch finden sich zwei Paragrafen mit einer fünfstelligen Anzahl von Urteilen in der Datenbank.

An der Spitze liegt § 823, die Vorschrift über die Haftung bei unerlaubter Handlung, mit über 14.200. Das ist fast die Spitzenstellung im gesamten deutschen Recht. Artikel 3 des

Grundgesetzes liegt aber noch knapp höher.

Übrigens hat eine entsprechende Untersuchung des japanischen BGB ergeben, dass auch hier mit weitem Abstand die Vorschrift über die Haftung bei unerlaubter Handlung an der Spitze liegt.

§ 823 BGB lautet:

"(1) Wer vorsätzlich oder fahrlässig das Leben, den Körper, die Gesundheit, die Freiheit, das Eigentum oder ein sonstiges Recht eines anderen widerrechtlich verletzt, ist dem anderen zum Ersatz des daraus entstehenden Schadens verpflichtet.

(2) Die gleiche Verpflichtung trifft denjenigen, welcher gegen ein den Schutz eines anderen bezweckendes Gesetz verstößt. Ist nach dem Inhalt des Gesetzes ein Verstoß gegen dieses auch ohne Verschulden möglich, so tritt die Ersatzpflicht nur im Falle des Verschuldens ein."

An zweiter Stelle liegt § 242 mit über 12.200. Dieser lautet:

"Der Schuldner ist verpflichtet, die Leistung so zu bewirken, wie Treu und Glauben mit Rücksicht auf die Verkehrssitte es erfordern."

Eine weitere Gruppe von 4 Paragrafen kommt auf Werte über 5.000. Drei davon betreffen wie § 823 Schadensrecht, und einer ist die Grundlage des Arbeitsrechts. Im einzelnen:

§ 249	mit über 8.500
§ 611	mit über 7.900
§ 276	mit über 6.900
§ 254	mit über 6.500.

In der nächsten Gruppe von 11 Paragrafen, die über 2.000 liegen, ist eine Vorschrift durch die Schuldrechtsreform ab Januar 2002 ins BGB umgezogen. Es handelt sich um den neuen § 307, der früher § 9 des AGB-Gesetzes war. Im einzelnen:

§ 253	mit über 4.500

(Anmerkung: bis Sommer 2002 § 847)

§ 535	mit über 4.500
§ 307 (früher § 9 AGBG)	mit über 4.000
§ 839	mit über 3.600
§ 133	mit über 3.500
§ 812	mit über 3.400
§ 626	mit über 3.100
§ 157	mit über 3.000
§ 138	mit über 2.800
§ 1004	mit über 2.800
§ 620	mit über 2.600.

Die Rangliste zum BGB wird komplett durch 13 weitere Vorschriften, die auf einen vierstelligen Wert kommen. Im einzelnen sind dies:

§ 278	mit über 1.900
§ 675	mit über 1.500
§ 536	mit über 1.500
§ 631	mit über 1.500
§ 826	mit über 1.400
§ 315	mit über 1.400
§ 251	mit über 1.300
§ 537	mit über 1.300
§ 613a	mit über 1.200

§ 1603	mit über 1.100
§ 1601	mit über 1.000
§ 123	mit über 1.000.

*　*　*　*　*

In der Zivilprozessordnung liegt die Vorschrift über die Behandlung der Kosten an erster Stelle, § 91 mit über 5.200 Urteilen in der Datenbank. Kostenfragen sind für die Prozessstrategie von erheblicher Bedeutung. Und sie müssen in jedem Verfahren behandelt werden.

Im folgenden führe ich noch weitere 11 Paragrafen an, die jeweils auf vierstellige Werte kommen:

§ 114	mit über 4.500
§ 286	mit über 3.300
§ 233	mit über 2.800
§ 3	mit über 2.300
§ 256	mit über 1.900
§ 91a	mit über 1.800
§ 287	mit über 1.400
§ 323	mit über 1.200
§ 788	mit über 1.000
§ 935	mit über 1.000
§ 767	mit über 1.000.

*　*　*　*　*

Die beiden einzigen vierstelligen Vorschriften in der Strafprozessordnung betreffen das Beweisrecht. Es handelt sich um den Grundsatz der freien Beweiswürdigung, § 261, mit über 1.300 Urteilen in der Datenbank, und die Vorschrift über den Umfang der Beweisaufnahme, § 244, mit über 1.200.

Auf über 500 kommen die folgenden vier Paragrafen:

§ 267	mit über 970
§ 44	mit über 790
§ 338	mit über 760
§ 140	mit über 620.

Erwähnt seien weiter noch die folgenden fünf Vorschriften mit jeweils über 400:

§ 464	mit über 490
§ 121	mit über 480
§ 112	mit über 480
§ 119	mit über 470
§ 329	mit über 430.

* * * * *

Im Strafgesetzbuch liegt der Schwerpunkt bei Fragen der Strafzumessung. Angemerkt sei dabei, dass auch § 211 (Mord) nichts weiter als eine Strafzumessungsregel ist, was seinen hohen Rang in dieser Liste mit erklärt.

Das ist kein Wunder. In der Praxis enden nahezu alle Strafverfahren mit einer Verurteilung. Freisprüche sind selten. Es geht daher meistens nur darum, wie hart die Sanktion ausfällt.

Dementsprechend steht auch die allgemeine Regel über die Strafzumessung an Platz 1: § 46 StGB, mit mehr als 1170 Entscheidungen in der Datenbank.

Die einzige andere Vorschrift mit einer vierstelligen Anzahl ist § 263 (Betrug) auf Platz 2, mit mehr als 1080.

Die folgenden 17 Paragrafen kommen auf Werte von über 400. Es sind:

§ 57	mit mehr als 950
§ 21	mit mehr als 910
§ 316	mit mehr als 850
§ 52	mit mehr als 700
§ 142	mit mehr als 620
§ 56f	mit mehr als 610
§ 56	mit mehr als 570
§ 211	mit mehr als 520
§ 315c	mit mehr als 500
§ 69	mit mehr als 490
§ 266	mit mehr als 470
§ 20	mit mehr als 470
§ 212	mit mehr als 450
§ 240	mit mehr als 430
§ 23	mit mehr als 410
§ 49	mit mehr als 400
§ 177	mit mehr als 400.

Vor allem beim Strafgesetzbuch wirkt sich die hier gewählte Methode aus, die Rangliste allein an der Datenbank Rechtsprechung zu orientieren. Die Literatur und Ausbildung sind anders ausgerichtet.

Fragen der Strafzumessung, der Aussetzung der Strafe zur Bewährung, des Entzuges der Fahrerlaubnis stehen dort nicht im Mittelpunkt. Die Strafrechtswissenschaft versucht sich häufig lieber am vierfachen Irrtum, spiralenförmig rückwärts gesprungen. Oder ähnlichen Problemen von großer intellektueller Anziehungskraft und geringer praktischer Bedeutung.

Auch der klare Schwerpunkt bei den Tatbeständen des Besonderen Teils im Verkehrsstrafrecht in der Liste oben findet sich in Wissenschaft und Ausbildung nicht unbedingt in gleicher Weise wieder. Das ist dann aber nicht ein Fehler der hier verwendeten Methode. Vielmehr zeigt das nur, dass die Ausbildung nicht weitgehend genug an der Praxis orientiert ist.

Kompakter Stil

"Omit needless words."

Strunk/White, The Elements of Style, 4. Aufl.
2000, 23.

Vor der Aufgabe guter *juristischer* Argumentation steht die Aufgabe, überhaupt gut zu schreiben. Examensklausuren sind schriftliche Texte. Wie alle Texte können sie gut, schwungvoll und leicht lesbar geschrieben sein. Oder Sie können dem Leser erhebliche Anstrengungen zumuten, die Gedanken des Autors zu entziffern.

Der Korrektor von Examensklausuren hat nicht nur *eine* Klausur zu beurteilen. Er hat vielmehr einen größeren Stapel davon. Durch diesen Stapel muss er sich durchbeißen, was wochenlang dauert. Wenn Sie es ihm durch einen gut lesbaren Text leicht machen, wird er es Ihnen bei der Bewertung danken.

Um noch einmal kurz auf *Asimovs* Geschichte zurückzukommen: Auch ohne besondere Maschine lernen alle Kinder in der Grundschule das Alphabet. Dies verführt zu dem Missverständnis, jeder könne automatisch schreiben.

Das Missverständnis liegt um so näher, als es ja auch richtig ist. Jeder kann irgendwie schreiben. Nur darf man eben nicht übersehen, dass es Unterschiede in der Qualität geschriebener Texte gibt. Und der erste Schritt und die grundlegende Voraussetzung für eine gute Klausur ist es, die eigene Fähigkeit zum Schreiben zu schulen.

Vor langer Zeit habe ich einmal einer Studentin, die bereits einmal durch ihr erstes Staatsexamen gefallen war, Nachhilfe-stunden gegeben (erfreulicherweise mit Erfolg). Das erste, was ich an ihren Übungsklausuren geändert habe, war das äußere Erscheinungsbild.

Das fängt bei einer leicht lesbaren Schrift an. Das geht weiter mit dem simplen Ratschlag, Überschriften mit Bleistift zu unterstreichen und eine Zeile darunter frei zu lassen, um die Gliederung des Textes dem Leser besser und auf den ersten Blick deutlich zu machen.

Schon durch derart einfache Mittel sind Vorteile gegenüber Klausuren zu gewinnen, deren Autoren die äußere Form vernachlässigen.

Der nächste Schritt ist es, klare sprachliche Fehler zu vermeiden. Damit meine ich Fehler auf der Ebene von Rechtschreibung und Grammatik. Dazu wird es in einer Übungsklausur oder einer Examensklausur erforderlich sein, einige Minuten für ein letztes Durchlesen und eine Korrektur in den Zeitplan aufzunehmen.

Am wichtigsten ist es aber, über diese grundlegende Ebene hinaus die eigene Fähigkeit zum klaren und leicht lesbaren Schreiben zu entwickeln.

Es gibt viele Methoden, besser Schreiben zu lernen. Und viele Bücher zu dem Thema. Eines der besten ist *On Writing* von *Stephen King*. Der schreibt so gut, dass mich seine Bücher sogar fesseln, obwohl ich sein Thema (Horror) nicht besonders mag. Und seine Behandlung des Themas "Schreiben" ist brillant.

Wie immer Sie vorgehen, eines steht fest. Man muss viel schreiben, um irgendwelche Fortschritte zu machen. Das bedeutet für das Studium, dass Sie sich keineswegs damit begnügen sollten, nur passiv Informationen durch Vorlesungen und Bücher aufzunehmen. Sie müssen schreiben, und zwar möglichst viel, schon allein um Ihren Stil zu schulen.

Und Ihr Ziel muss vor allem ein klarer und einfacher Stil sein. Daher nur eine Empfehlung zu diesem Thema von mir:

Schreiben Sie kurze Hauptsätze. Schreiben Sie kurze Absätze.

Ich schreibe hier auch nicht: "Besonders wichtig ist auch der Gesichtspunkt, dass Sie, wenn Sie Ihren Stil verbessern wollen, um einen besseren Eindruck auf den Korrektor im Examen zu machen, unter anderem auch daran denken sollten, dass es sich möglicherweise empfehlen kann, Ihre Sätze kurz zu halten."

Lassen Sie vor allem alle Formulierungen weg, die Aussagen in mit "dass" eingeleiteten Nebensätzen verstecken. Schreiben Sie nicht: "Daraus ergibt sich, dass das Merkmal X hier gegeben ist." Schreiben Sie statt dessen: "Daher ist das Merkmal X hier gegeben."

Ein aufgeblasener und umständlicher Stil ist wie ein Boxer, der zu viel Fett angesetzt hat. Unansehnlich. Und ohne Durchschlagskraft im Kampf. Achten Sie auf das Gewicht Ihrer Sätze ebenso wie auf Ihr Körpergewicht.

Lassen Sie überflüssige Wörter weg. *Lassen Sie überflüssige Wörter weg!* *LASSEN SIE ÜBERFLÜSSIGE WÖRTER WEG!!!* Habe ich schon erwähnt, dass Sie überflüssige Wörter besser weglassen sollten? Damit gewinnen Sie Überzeugungskraft. Und gleichzeitig sparen Sie Zeit beim Schreiben der Klausur. Diese Zeit können Sie dann für längeres Nachdenken nutzen.

Wenn Sie die Kompaktheit Ihres Stils schulen wollen, sollten Sie *Mike Royko* lesen. Das war ein amerikanischer Journalist, Gewinner eines *Pulitzer* Preises. Er hat einige Bücher geschrieben. Wenn Sie sich eines davon verschaffen können, werden Sie verstehen, was ich mit einem klaren und kurzen Stil meine.

Royko ist diesem Idealbild nahe. Wenn Sie so phantastisch

gut schreiben könnten wie er, bräuchten Sie nahezu kein Fachwissen mehr. Sie schneiden schon allein deshalb nahezu sicher im Examen gut ab.

Unter den deutschen Juristen ist *Uwe Wesel* ein gutes Vorbild. Lesen Sie Bücher von *Wesel*. Sie werden deutlich merken, was guter und kompakter Stil ist. Und nebenbei die Bücher selbst dann verschlingen, wenn ein Thema wie etwa Rechtsgeschichte Sie eigentlich nicht besonders interessiert. Einfach weil es so viel Spaß macht, einen wirklich gut geschriebenen Text zu lesen.

Die Macht des Gutachtenstils

> "Man sollte also weder von einem nicht be-
> stehenden Aussageverweigerungsrecht Ge-
> brauch machen noch nach dem Sprichwort
> handeln: 'Reden ist Silber, Schweigen ist
> Gold.'"
>
> *Möllers*, Juristische Arbeitstechnik und wis-
> senschaftliches Arbeiten, 2001, Fußnote 442,
> zur mündlichen Prüfung im Staatsexamen.

Als Jurist lernen Sie in Deutschland, dass Sie mit dem soge-
nannten Gutachtenstil arbeiten sollen. Jedenfalls bis nach
dem ersten Staatsexamen sollen Sie den Gegensatz, den
Urteilsstil, meiden.

Der Gutachtenstil wird im Studium häufiger erklärt. In
einem Satz bedeutet er: Sie geben erst eine Begründung und
dann ein Ergebnis. Und nicht umgekehrt.

Dies können Sie einfach als Anordnung von oben
akzeptieren. Ich will hier aber erklären, *warum* Sie den
Gutachtenstil verwenden, welche Vorteile dies für Sie hat.

Der wichtigste Vorteil des Gutachtenstils liegt in der
Tatsache, dass er zurückhaltender und höflicher ist. Daher
können Sie im Gutachtenstil nahezu alles sagen. Und Sie
haben viel mehr Aussichten, daß der Adressat Ihre Ausführungen wenigstens zur Kenntnis nimmt.

Nehmen Sie die Situation des Anwalts in einem Prozess. Der
Anwalt der Gegenseite wird in den meisten Fragen anderer
Ansicht sein. Und auch die Richter werden in vielen Fragen
Ihren Standpunkt nicht teilen.

Wenn Sie dann mit Ihrem Ergebnis zuerst aufwarten, besteht die Gefahr, dass die Adressaten ihre Ohren auf Durchzug schalten und Ihre Argumente gar nicht erst anhören.

Wenn Sie dagegen erst nur eine Frage aufwerfen und dieser Frage dann durch Prüfung aller Voraussetzungen nachgehen, dann muss Ihnen jeder jedenfalls bis dahin folgen. Der Gegner Ihrer Auffassung hat keine Chance, irgendwo mit dem Aufschrei zu unterbrechen "Halt! Da bin ich aber anderer Meinung!". Denn Sie haben ja gerade ihre Auffassung noch nicht offengelegt.

Ein anderer Vorteil des Gutachtenstils wird im Vergleich zu Kriminalromanen deutlich. Es gibt Kriminalromane, bei denen der Leser von vornherein weiß, wer der Mörder ist. Das ist aber nicht die Regel. Vor allem viele der berühmten Bücher von *Agatha Christie* fangen nicht mit der Lösung an. Der Leser muss vielmehr bis zum Schluss warten, bis er die Lösung erfährt. Das ist im Gutachtenstil ebenso.

Sie können also mit dem Gutachtenstil Spannung erzeugen. Und Überraschungen. Sie können erst ein oder zwei Argumente in die andere Richtung aufführen. Dann, auf einer neuen Seite, schildern Sie die Argumente für Ihre Auffassung und schreiben Ihr Ergebnis. Der Prüfer wird auf der vorigen Seite möglicherweise das umgekehrte Ergebnis erwarten. Er wird dann überrascht.

Und er wird Ihre Fähigkeit anerkennen müssen, auch die Argumente der Gegenseite zu würdigen. Das wird einen besonders positiven Eindruck hinterlassen, wenn dieser Prüfer auch zufällig in der betreffenden Frage anderer Meinung als Sie sein sollte.

Ein weiterer Vorteil des Gutachtenstils besteht in der Tatsache, dass Sie Zeit zum Überlegen gewinnen. Das gilt vor allem für eine mündliche Prüfung.

Stellen Sie sich vor, Sie sind Anwalt. Ein Mandant kommt zu Ihnen und schildert Ihnen seine Situation. Er will wissen, ob eine Klage auf 5000 Euro in diesem Fall Aussicht auf Erfolg hat.

"Natürlich," sagen Sie. "Vor allem mit mir, Ihrem Super-Anwalt und Garanten für Gerechtigkeit. Den Prozess gewinne ich Ihnen mit links."

Fünf Minuten später stellen Sie fest, dass der Anspruch dieses Mandanten in diesem Fall verjährt ist. Ihre leichtfertige Aussage erweist sich als falsch. Den Mandanten, der Ihnen bisher im Schnitt fünf Aufträge pro Monat erteilt hat, sehen Sie nie wieder.

Wieviel leichter machen Sie sich das Leben, wenn Sie auf die Frage antworten: "Sie können klagen, wenn Sie einen gültigen Anspruch haben und dies auch beweisen können."

Das kann unmöglich falsch sein. Der Gutachtenstil bewahrt Sie mit absoluter Sicherheit vor der Möglichkeit, ein falsches Ergebnis hinauszuposaunen, ehe Sie überhaupt über die Voraussetzungen der Frage nachgedacht haben. Sie können natürlich immer noch Fehler machen. Aber logischerweise weniger. Denn Sie haben jedenfalls die Grundlage für Ihre Ergebnisse erst einmal geprüft.

Ebenso wie Sie als Anwalt keinem Ihrer Stammkunden gegenüber den Eindruck eines Stümpers und Idioten hinterlassen wollen, wollen Sie auch im mündlichen Examen nicht unbedingt mit klar falschen Antworten auffallen. Daher empfiehlt sich auch im mündlichen Prüfungsgespräch, die sorgfältige Prüfung von Voraussetzungen und Grundlagen vor die Verkündung von Ergebnissen zu stellen.

Schließlich werden Sie mit dem Gutachtenstil auch kaum auf eine Frage nur deswegen schweigen, weil Sie zufällig keine Antwort darauf im Gedächtnis parat haben. Nehmen wir an, Sie werden von einem böswilligen Prüfer in einem Gespräch gefragt, wie viele Tankstellen es in Deutschland gibt. Der Prüfer will nicht feststellen, ob Sie das wissen oder nicht. Vielmehr hat er die Frage allein deshalb ausgesucht, weil er erwartet, dass Sie dies *nicht* wissen. Er will feststellen, wie Sie mit einer solchen Situation umgehen. Und Sie unter Druck setzen.

Im Gutachtenstil können Sie mindestens ausführen: "Die Frage ist, wie viele Tankstellen es in Deutschland gibt. Wenn ich dies feststellen will, wäre eine kurze Suche im Internet vermutlich das schnellste Verfahren. Eine andere Möglichkeit wäre es, von der Bevölkerungszahl auszugehen. Dann könnte ich schätzen, wie viele Tankstellen auf 100.000 Leute nötig sind, und auf eine Zahl kommen."

Damit haben Sie wenigsten einmal überhaupt etwas gesagt. Das wirkt immer besser, als auf die Frage mit peinlichem Schweigen zu reagieren. Die Aussage zu verweigern.

Nur der Urteilsstil verlangt, dass Sie gleich sagen: "Es sind 23,456. Das habe ich gestern erst auswendig gelernt." (Die Zahl ist übrigens von mir hier frei erfunden.)

Der Gutachtenstil macht seinem Anwender das Leben leichter. Eben deshalb wird er bis zum ersten Staatsexamen, also auf der frühesten Ebene des Berufslebens, den Studenten empfohlen oder vorgeschrieben.

Umgekehrt hat der Gutachtenstil auch einen Nachteil. Er kann bei falscher Anwendung dazu verführen, zu umständlich zu werden. Das ist dann mit dem oben empfohlenen Grundsatz nicht vereinbar, klar und kurz zu schreiben.

Nehmen Sie als Beispiel etwa einen Fall, in dem Sie die Voraussetzungen eines Anspruches aus § 823 BGB prüfen. (Das ist übrigens eine der wenigen Vorschriften, die wie Art. 3 des Grundgesetzes auf über 10.000 Urteile in der Datenbank JURIS kommen. Und die wichtigste im BGB). Sie prüfen dort unter anderem die Rechtswidrigkeit. Hier können Sie schreiben:

"Da für Rechtfertigungsgründe kein Anhaltspunkt im Sachverhalt vorliegt, ist Rechtswidrigkeit gegeben."

Das ist Gutachtenstil, weil es die Begründung vor das Ergebnis stellt. Sie könnten aber theoretisch auch schreiben:

"Fraglich ist weiter, ob die Voraussetzung der Rechtswidrigkeit vorliegt. Ein Eingriff in das Rechtsgut Leben ist rechtswidrig, wenn kein Rechtfertigungsgrund vorliegt. Rechtfertigungsgründe sind zum Beispiel Notwehr oder Notstand. Dafür liegen jedoch hier keine Anhaltspunkte im Sachverhalt vor. Daher ist auch Rechtswidrigkeit gegeben."

Das ist eine ausführlichere Behandlung im Gutachtenstil. Sie ist bei einem offenbar unproblematischen Punkt nicht angemessen. Sie sollten Ihre Zeit und Ihre Worte auf die problematischen Fragen konzentrieren.

Es reicht daher nicht, sich nur prinzipiell klarzumachen, dass der Gutachtenstil richtig und erforderlich ist. Vielmehr müssen Sie sich durch zahlreiche Übungen Routine im Umfang der jeweils erforderlichen Begründungen erwerben.

* * * * *

"Wir heiraten nächste Woche," entschied Anton Müller. Er wollte erst gar keine falschen Vorstellungen aufkommen lassen, wer in ihrer Ehe später das Sagen haben wird.

"Wirklich? Habe ich da nicht auch noch ein Wort mitzureden?" antwortet Sabine Meier.

"Natürlich. Aber ich werde dir jetzt gleich erklären, warum du unmöglich ablehnen kannst."

"Die Erklärung kannst du dir sparen," sagte Sabine und

verschwand wütend aus seiner Wohnung. Morgen würde sie sich überlegen, wer aus ihrem umfangreichen Fanclub am besten geeignet war, Anton zu ersetzen.

In dieser kurzen Szene hat Anton den Urteilsstil verwendet. Er hat erst das Ergebnis "wir heiraten nächste Woche" präsentiert und wollte dann erst seine Gründe nennen. Leider ist es dazu dann nicht mehr gekommen. Der Urteilsstil ist direkt, kurz, knapp. Aber eben auch nicht besonders höflich und zurückhaltend. Er ist angemessen, wenn man in der Position ist, einseitige Anordnungen zu treffen. Wie ein Richter.

* * * * *

"Ich möchte gerne etwas Wichtiges mit dir besprechen," sagte Anton Müller.

"Was denn?" fragte Sabine Meier.

"Nun, wir sind jetzt schon über ein Jahr zusammen. Ich möchte mit dir darüber sprechen, ob wir eine gemeinsame Zukunft haben."

"Schieß los," sagte Sabine.

"Okay. Möchtest du Kinder? Wenn ja, wie viele? Und wann?"

Dieser Dialog bricht hier ab. Ich habe einen Rest von Respekt für die Privatsphäre von meinen Figuren. Es geht mir hier auch nur um den Gegensatz zu dem anderen Dialog eben. Anton wirft seine Frage nur auf, ohne sich selbst von vornherein auf irgendein Ergebnis festzulegen.

Er hat nicht etwa gesagt, dass er einen Heiratsantrag machen will. Das kann sich aus den *gemeinsamen* Überlegungen ergeben. Muss sich aber nicht. Vielleicht kommen die beiden zu dem Ergebnis, dass es jetzt noch zu früh für irgendeine Entscheidung ist. Vielleicht einigen sie sich auf eine gemeinsame Perspektive, aber ohne formelle Ehe. Vielleicht kommt überhaupt nichts bei dem Gespräch heraus.

Auf jeden Fall wird der erhebliche Unterschied in der Wirkung auf den Adressaten zwischen Urteilsstil und Gutachtenstil deutlich. Nichts weiter war der Zweck dieser beiden Dialoge.

Vorbereitung für das mündliche Examen

> "Die insgesamt 25 Stunden Klausurarbeit (5 Klausuren mit je 5 Stunden Bearbeitungszeit) zählen nicht mehr als eine knappe Stunde Prüfungsgespräch."
>
> *Herzberg*, Die mündliche Prüfung im ersten Examen, in: Herzberg/Ipsen/Schreiber (Hrsg.), Effizient studieren: Rechtswissenschaften, 1999, 290, unter der Überschrift "Übermäßiger Anteil des Mündlichen".

Eben war schon kurz die Rede vom mündlichen Examen. Dieses hat in allen Bundesländern einen erheblichen Einfluss auf das Ergebnis. Für die Lernstrategie hierzu sind nun noch einige weitere Hinweise angebracht.

Ein mündliches Examen setzt die Fähigkeit zur aktiven Diskussion voraus. Ehe der erste Schimmer juristischen Wissens angebracht werden kann, muss ein Kandidat überhaupt in der Lage sein, in einem Gespräch auf den Prüfer einzugehen.

Dies ist problematisch, weil in der deutschen Juristenausbildung die Fähigkeit zur Diskussion nur am Rande geschult wird. Etwa in Seminaren, die nur einen Bruchteil der Lehrveranstaltungen ausmachen.

In Amerika wird dagegen in den meisten Veranstaltungen eine "*sokratische*" Methode verwendet. Der Dozent redet nicht nur einseitig. Vielmehr stellt er Fragen. Dabei setzt er voraus, dass die Studenten eine erhebliche Anzahl von Seiten gelesen haben, die er als Hausaufgabe für die Vorbereitung der betreffenden Stunde angegeben hat.

Das ist in Deutschland schon deswegen ausgeschlossen, weil die meisten Vorlesungen zu viele Teilnehmer haben. Die Amerikaner können diese Methode verwenden, weil so wenige Studenten einem Dozenten gegenüberstehen, dass ein Gespräch möglich ist.

Zur Wissensvermittlung ist diese *sokratische* Methode nicht besonders effektiv. Denn die Hälfte der Zeit reden die Studenten. Diese wissen noch nichts über den Gegenstand. Oder jedenfalls noch nicht so viel wie der Dozent. Damit kann in der auf die Studenten entfallenden Zeit weniger Wissen vermittelt werden. Wenn der Dozent hundert Prozent der Zeit spricht, wird er mehr Inhalte pro Stunde unterbringen können.

Der Vorteil der Methode liegt darin, dass die Studenten von vornherein gezwungen werden, ihre Fähigkeit zur Diskussion und Verhandlung zu schulen.

Dieses Ziel müssen Studenten in Deutschland auf andere Weise anstreben.

Eine Methode dazu ist es, nicht nur das eine für die Anmeldung zur Staatsprüfung erforderliche Seminar zu besuchen, sondern mehrere. Etwa fünf oder sieben. Wo können Sie sonst noch völlig kostenlos in kleinen Gruppen Wissen von einem hervorragenden Dozenten beziehen? Und dabei gleichzeitig auch noch Ihre Fähigkeit zur Diskussion schulen? Für die gleiche Leistung müssten Sie ausserhalb der Universität hunderte von Euro bezahlen.

Hier liegt auch der - einzige - Vorteil eines Repetitors.

Sie können eine Vorlesung bei einem Repetitor hören und dafür bezahlen. Bedenken Sie dabei: Repetitor kann sich jeder nennen. *Sie* könnten morgen selbst ein Repetitorium aufmachen. Professor wird man dagegen nur mit einem nachweisbaren Fachwissen. Die Professoren sind daher in der Regel besser qualifiziert. Und die Veranstaltungen an der Universität sind kostenlos für die Studenten.

Der Vorteil des Repetitors ist dagegen, dass er möglicherweise nur eine kleinere Gruppe von Studenten betreut. Dann können Sie mehr Fragen stellen als in einer Vorlesung an der Universität. Sie können Ihre mündlichen Fähigkeiten durch die Diskussion mit dem Repetitor trainieren. Oder durch die Diskussion mit anderen Studenten, die an dem Repetitorium teilnehmen.

Wenn dagegen auch bei dem Repetitor so viele Studenten sitzen, dass dies nicht möglich ist, hat es vermutlich wenig Sinn, für die Vorlesung eines weniger qualifizierten Dozenten obendrein auch noch Geld auszugeben.

Eine weitere Möglichkeit ist die Arbeitsgemeinschaft mit Kollegen. Dort werden Sie zwar weniger Wissen mitnehmen können als in einer Vorlesung. Denn die Kommilitonen, mit denen Sie sich zusammensetzen, werden im Zweifel weniger qualifiziert sein als die Professoren Ihrer Fakultät. Aber Sie können diskutieren. Daher ist diese Form des Lernens besonders geeignet, die Grundlagen für das mündliche Examen zu legen.

Die Fähigkeit zur Diskussion ist eine Voraussetzung für Erfolg im mündlichen Examen. Es sind aber auch noch einige andere strategische Überlegungen erforderlich.

Sie müssen sich zunächst einmal klar machen, dass die Zeit im mündlichen Examen sehr begrenzt ist. Sie haben nur wenige Minuten pro Prüfungsfach. Die Hälfte dieser wenigen Minuten redet der Prüfer.

Daher müssen Sie möglichst schnell zu den wichtigen Fragen vorstoßen.

Dies sei an dem Beispiel eines Prüfungsgesprächs erläutert, das *Fritjof Haft* in seinem Buch "Einführung in das juristische Lernen" (6. Auflage 1997) auf den Seiten 211 bis 216 schildert.

Diese Prüfung betrifft folgenden Fall. Ein Kandidat gibt im Staatsexamen die Arbeit eines anderen Kandidaten als seine eigene ab, nachdem er die Kennziffern auf beiden Arbeiten ausradiert hat.

Der Fall wirft vor allem die Frage auf, wie beim Tatbestand der Urkundenfälschung (§ 267 StGB) der Aussteller der Urkunde zu verstehen ist. Andere Tatbestände, wie etwa Unterschlagung oder Sachbeschädigung, sind zweitrangig.

Haft empfiehlt nun, durch systematisches Denken diese wichtige Frage zu finden.

Dieses systematische Denken hilft dem Kandidaten aber nur, wenn er aus der Menge der in Betracht kommenden Tatbestände § 267 als den wichtigsten Tatbestand herausfinden kann. Sonst wird er doch wieder mit einer nebensächlichen Frage Zeit verschwenden.

Es kommt also vor allem darauf an, ein Gefühl für die wichtigen Fragen zu entwickeln.

In dem Fall reicht ein gewisses Mindestmaß an gesundem Menschenverstand. Offenbar kann es nicht auf den Vermögenswert der beschriebenen Blätter Papier ankommen. Sondern nur auf den Nachweis der Urheberschaft einer Klausur. Man braucht kein Fachwissen, um das zu verstehen. Umgekehrt kann wohl nur ein Jurist überhaupt auf die Idee kommen, in einem derartigen Fall auf Unterschlagung (§ 246 StGB) auch nur einen Gedanken zu verschwenden.

Dieses Gefühl für die wichtigen Fragen ist gerade im mündlichen Examen gefragt. Wer in einer Klausur eine Menge überflüssige Worte macht, hat immer noch mehr Zeit übrig, um auch zu den wirklich wichtigen Fragen etwas zu sagen. In der mündlichen Prüfung ist dann die Zeit schon endgültig abgelaufen.

Damit will ich keineswegs den Wert der von *Haft* empfohlenen Methode systematischen Vorgehens leugnen. Dies ist auch nötig. Entscheidend ist aber dann doch die Fähigkeit, den richtigen Schwerpunkt zu setzen.

Dies sollte man als strategisches Ziel für die Schulung der mündlichen Diskussionsfähigkeit erkennen. Und dann durch konkrete Übungen anstreben. Etwa einen anderen Teilnehmer in einer Arbeitsgemeinschaft bitten, einen Fall zu schildern. Und dann mit einer Stoppuhr festhalten, wieviele Sekunden man braucht, um zu den wichtigen Problemen des Falles vorzustoßen. Es geht im mündlichen Examen wirklich um Sekunden. Machen Sie sich dies klar.

Das japanische Schriftzeichen für Wissen ist ein Bild mit zwei Bestandteilen. Einem Pfeil und einem Mund. Es entspricht unserer Redewendung "wie aus der Pistole geschossen". Wer etwas weiß, kann sofort einen Pfeil aus seinem Mund abschießen und das Ziel treffen.

Wissen ist damit letztlich eine Funktion von Geschwindigkeit. Es bedeutet die Fähigkeit, schnell zur Sache zu kommen.

Dabei kommt es dann, wie auch in der schriftlichen Klausur, weniger darauf an, im Ergebnis etwa die Ansicht eines Bundesgerichtes zu vertreten. Vielmehr geht es dann auch im mündlichen Examen um die Fähigkeit zur methodengerechten und kompakten Argumentation.

Nur wird das Ziel der kompakten Argumentation noch wichtiger. Die Zeit ist nach Sekunden bemessen. Damit schadet jedes überflüssige Wort noch mehr als in einer Klausur.

Einfache Argumentation

> "Das Komplizierte kommt von selbst - ein
> Erbe des Kanzleistils. Das Einfache dagegen
> will schwer erkämpft sein."
>
> *Haft*, Einführung in das juristische Lernen,
> 6. Aufl. 1997, 412.

Sie verwenden einen konsequenten Gutachtenstil. Damit erhöhen Sie die Chance, dass Ihre Argumente überhaupt gehört werden.

Sie haben an Ihrem Stil gearbeitet. Sie sind in der Lage, klar und kompakt zu schreiben. Und zu reden.

Das nächste Ziel ist dann eine einfache Argumentation.

Ihre Argumente können eindrucksvoll sein. Sie können überzeugend sein. Sie können starke Wirkungen entfalten.

Alles das setzt voraus, dass der Leser Ihres Textes versteht, was Sie ihm eigentlich sagen wollen.

Eine komplizierte und gewundene Argumentation kann noch so richtig sein. Sie kommt gar nicht erst beim Leser an. Daher kann sie von vornherein wenig bewirken.

Leider haben juristische Probleme eine natürliche Neigung, kompliziert zu werden. Dafür gibt es eine Reihe von Gründen. Komplikationen entstehen, wenn zahlreiche Personen mit unterschiedlichen Interessen beteiligt sind. Oder durch die zahlreichen Fälle, in denen keine Einigkeit in Literatur und Rechtsprechung über die Behandlung einer Frage besteht.

Daher sind Methoden gefragt, die Komplikationen zu reduzieren.

Solche Methoden sind einerseits nützlich, um die eigene Fähigkeit zur Argumentation zu schulen. Ich sagte schon, dass die Schulung von Fähigkeiten Vorrang vor der reinen Ansammlung von Wissen haben sollte.

Sie sind aber gleichzeitig aber auch hilfreich, um das *eigene* Verständnis zu fördern, also gleichzeitig auch eine sinnvolle Lernmethode.

Wie lassen sich nun komplizierte juristische Fragestellungen vereinfachen?

Dies sei an einem Beispiel erläutert, das mich persönlich interessiert.

Nehmen Sie an, eine schwangere Frau entschließt sich zu einer Abtreibung. Sie erhält die gesetzlich vorgeschriebene Beratung. Dann beauftragt sie einen Arzt, diese Abtreibung durchzuführen.

Der Arzt tut dies. Leider bleibt sein Versuch aber ohne Erfolg. Das Kind überlebt die Abtreibung. Ein klarer Fall eines Behandlungsfehlers. Der Arzt hat schlampig gearbeitet. Dies wird nicht bemerkt, bis es für einen erneuten Eingriff zu spät ist, weil die gesetzlichen Fristen abgelaufen sind.

Kann die Frau jetzt von dem Arzt Schadensersatz für den Fehlschlag verlangen? Kann sie etwa verlangen, dass der Arzt jeden Monat einen Geldbetrag bezahlt, der für den Unterhalt des später geborenen Kindes erforderlich ist?

Es gibt zu dieser Frage Rechtsprechung hoher Bundesgerichte (die nicht einheitlich ausfällt). Wenn Sie sich für diese Rechtsprechung interessieren (was ich hoffe), dann werden Sie sicher *selber* in der Lage sein, sie zu finden. Ein Blick in einen neueren Kommentar etwa zu § 249 BGB sollte dazu ausreichen.

Angenommen, Sie wollen in dieser Frage als Anwalt der

Frau auftreten, die nun eine Klage gegen den Arzt erhebt.

Sie können dann auf den einfacheren Fall einer fehlgeschlagenen Operation verweisen. Wenn ein Arzt einen Eingriff vornimmt und dabei so unsorgfältig vorgeht, dass dem Patienten ein Schaden entsteht, dann hat er dafür einzustehen. Wieso sollte es in diesem Fall anders sein, werden Sie rhetorisch fragen, um die Klage zu begründen.

Der springende Punkt dabei ist hier nicht, ob dieses Argument das beste denkbare Argument ist. Oder ob die Position der Klägerin oder eher die des Beklagten richtig ist. Letzteres ist sehr schwer zu sagen. Es gibt ausgezeichnete Argumente für beide Seiten in diesem Streit.

Vielmehr kommt es mir hier nur auf die Methode der Argumentation an. Sie haben einen komplizierten Fall (fehlgeschlagene Abtreibung) und greifen zur Argumentation auf einen einfacheren Fall zurück. Diese Methode ist in vielen Situationen nützlich.

Eine andere, ähnliche Methode ist die Argumentation mit einem Extremfall.

So war im japanischen Fernsehen eine Diskussion über die Todesstrafe zu sehen, die in Japan anders als in Deutschland möglich ist.

Gegen die Forderung nach Abschaffung der Todesstrafe wurde folgendes Argument angeführt:

Warum sollte gerade das Leben des Verbrechers sicher sein, egal wie viele andere Menschen er getötet hat? Wie wollen Sie Ihre Forderung nach Abschaffung der Todesstrafe den Eltern der Kinder erklären, die der Verbrecher vergewaltigt und ermordet hat? So oder ähnlich war das Argument.

Dabei geht es auch hier wieder nicht darum, ob dieses Argument das beste denkbare Argument für die Todesstrafe ist oder nicht. Es geht auch nicht darum, ob entgegen der Anordnung im deutschen Grundgesetz die Todesstrafe in Deutschland wieder eingeführt werden soll oder nicht.

Ich will mit dem Beispiel nur zeigen, dass die Schilderung eines konkreten Extremfalles (Vergewaltigung und Ermordung von Kindern) ein leicht verständliches Argument liefern kann.

Die beiden Methoden der Argumentation mit einfacheren Vergleichsfällen und mit Extremfällen helfen in vielen Situationen, dem Leser verständliche und damit wirkungsvolle Argumente zu entwickeln.

Der tiefere Grund für die Überzeugungskraft dieser Form von Argumentation liegt letztlich im Gleichheitssatz (Artikel 3 des Grundgesetzes).

Wenn Sie als Anwalt der Frau in dem Beispiel oben fragen, wieso ausgerechnet die Haftung für eine fehlerhaft durchgeführte Abtreibung anders als bei allen anderen Behandlungsfehlern ausgeschlossen sein soll, dann verlangen Sie eine Gleichbehandlung. Und wenn Sie als Befürworter der Todesstrafe fragen, wieso ausgerechnet das Leben des Verbrechers anders als das seiner Opfer oder als das der Opfer von Verkehrsunfällen oder als das von Soldaten absolut und unbedingt garantiert werden soll, dann verlangen Sie ebenfalls eine Art von Gleichbehandlung.

Der Gleichheitssatz ist, so gesehen, nicht nur der in der Praxis wichtigste Artikel des Grundgesetzes. Vielmehr bildet er auch die Grundlage für die hier genannten beiden Formen einfacher Argumentation, der Argumentation mit einfacheren Vergleichsfällen und einfachen Extremfällen.

Diese Form der Argumentation sollte man beim aktiven Lernen bewusst einüben. Wenn Sie eine Entscheidung eines Gerichts kritisieren wollen, verwenden Sie diese beiden Methoden. Auch wenn Sie eine Entscheidung nur verstehen wollen, bilden Sie einfachere Vergleichsfälle, um das Verständnis zu fördern.

Nutzen von Methodenlehre

> "Allein mit den Methoden der astrologischen Analyse des Rechts kann man in der Rechtswissenschaft Ergebnisse erzielen, die Anspruch auf Gültigkeit und Verbindlichkeit erheben können."
>
> *Lenz*, Das Ungewöhnlichste im Recht, 1992, 45.

Dieses Buch behandelt die Frage, welche strategischen Überlegungen für das juristische Lernen wichtig sind. Damit behandelt es Fragen der Methodenlehre. Nämlich die Frage, wie man Jura lernen soll.

Der konkrete Nutzen solcher Überlegungen sollte darin liegen, zu einer höheren Effektivität des Lernens zu finden. Etwa zu einer höheren Lerngeschwindigkeit pro Stunde. Oder zu einer strategisch besseren Auswahl des zu lernenden Stoffes. Oder zu mehr Spaß beim Lernen, was nicht nur für sich gesehen nützlich, sondern gleichzeitig auch ein Schlüssel zum aktiven und effektiven Lernen ist.

Der Nutzen solcher Überlegungen besteht dagegen *nicht* darin, zu richtigen Entscheidungen zu finden.

Ein großer Teil der juristischen Methodenlehre dagegen beschäftigt sich mit dieser Frage nach den richtigen Entscheidungen. Man geht von der Situation des Richters aus. Der Richter hat einen Fall zu entscheiden. Wenn er dann die richtigen Methoden anwendet, wird seine Entscheidung richtig.

Es kommt dann auch nicht darauf an, ob der Richter diese

Entscheidung schnell treffen konnte oder ob er dazu drei Wochen Zeit aufwenden musste. Eine Methodenlehre, die wie üblich die Richtigkeit des Ergebnisses in den Mittelpunkt stellt, fragt nicht nach der Effektivität der Arbeit.

Ich bin ein Fan von Methodenlehre. Aber es gibt auch kritische Standpunkte. Man kann genauso gut sagen, dass die für Methodendiskussion verwendete Zeit besser in die wirkliche Beschäftigung mit konkreten Einzelfragen investiert werden sollte. Statt immer nur die Messer zu wetzen, solle man lieber auch einmal wirklich mit dem Kochen anfangen. So die Kritik.

Ich habe schon begründet, warum die Frage nach der richtigen Lernstrategie wichtig ist. Die Beschäftigung mit dieser Frage kostet aber auch Zeit. Wenn nicht ein Gewinn an Effektivität des Lernens durch derartige Überlegungen diesen Zeitverlust mindestens aufwiegt, dann wären Sie besser beraten, die Frage nach der richtigen Lernstrategie auf sich beruhen zu lassen und gleich einfach irgendwie drauf los zu lernen.

Vor dem Hintergrund der Frage nach der richtigen Lernstrategie sind aber nicht nur Überlegungen zur Stoffauswahl und zum effektiven Lernen nützlich.

Vielmehr ist auch die Frage nach der richtigen Auslegung wichtig.

Denn die Fähigkeit zur überzeugenden Argumentation ist davon abhängig. Es gibt bestimmte Formen der Argumentation, die allgemein anerkannt sind. Diese sollte man sich daher klar machen und verwenden.

Dies will ich kurz am Beispiel der Frage erläutern, ob die Erteilung von Patenten auf Ideen für Software nach geltendem deutschen und europäischen Recht zulässig ist oder nicht. Dies ist für das deutsche Recht eine Frage nach der Auslegung von § 1 des deutschen Patentgesetzes, für das europäische Recht eine Frage nach der Auslegung von Artikel 52 des Europäischen Patentübereinkommens.

Diese Frage ist heftig umstritten. Es geht dabei um eine Menge Geld. Und um die Zukunft der Informationsgesellschaft. Freiheit der Ideen oder Prozesse jeder gegen jeden. Ich habe unter lenz.als.aoyama.ac.jp/Stellungnahmen/default.htm im Sommer 2001 zu dieser Auslegungsfrage einen Standpunkt entwickelt. Dabei habe ich bewusst darauf geachtet, allgemein anerkannte Auslegungsmethoden zu verwenden.

Denn auch die zahlreichen Gegner meiner Auffassung können jedenfalls im Ausgangspunkt schwer bestreiten, dass Gesetze nach den von mir dort verwendeten Methoden auszulegen sind. Selbst wenn sie zu einem anderen Ergebnis kommen.

Diese Frage will ich hier nicht näher vertiefen. Mir geht es hier nur um den Umgang mit Methodenlehre.

Ich empfehle hier, nur für die Zwecke der Lernstrategie, einen sehr konservativen Standpunkt. Methodenlehre hilft der Überzeugungskraft der eigenen Argumentation (und damit dem strategisch wichtigen Lernziel der Anwendungsfertigkeiten), wenn sie allgemein anerkannt ist. Dann wird sie nämlich mit einer nicht unerheblichen Wahrscheinlichkeit auch von den Adressaten der eigenen Argumenten anerkannt (zum Beispiel einem Prüfer im Staatsexamen).

Dies erklärt, warum sich in diesem Buch über die Frage der *effektiven* Methode des Lernens im folgenden Abschnitt einige knappe Ausführungen zur *richtigen* Methode der Gesetzesauslegung finden.

*   *   *   *   *

"Bleiben Sie gefälligst beim Thema!" sagte Sabine Meier.

Nichts anderes habe ich vor.

"Wirklich? So wie sich das anhört, werden Sie jetzt auf den nächsten paar Seiten gleich das Naturrechtsproblem lösen, eine neue Theorie der Gerechtigkeit entwickeln und das Wesen des Rechts erklären."

Nein! Ich bin unschuldig!

"Das könnte Ihnen so passen. Mich mit dem Köder 'effektives Lernen' in Ihr Buch locken und dann mit unbrauchbarer Rechtsphilosophie traktieren. Das werde ich mir nicht gefallen lassen."

Da haben Sie ja völlig recht. Keine Angst, ich sehe das genauso.

"Wirklich? Haben Sie nicht eben angekündigt, dass Sie mich mit Methodenlehre belästigen wollen?"

Ja. Aber ich plädiere mildernde Umstände.

"Welche mildernden Umstände?"

Ich werde diesen Punkt kurz halten. Und ich werde nur den Teil der Methodenlehre beschreiben, der allgemein anerkannt ist. Die astrologische Analyse des Rechts lasse ich weg.

"Was ist denn *das* schon wieder?" fragte Sabine Meier in einem mißtrauischen Ton.

Die Methode, zweifelhafte Rechtsfragen durch Horoskope zu entscheiden.

"Und das soll allgemein anerkannt sein?"

Nein. Eben nicht.

"Was soll die Idee dann hier?"

Nur ein Gegensatz. Um klar zu machen, weshalb die allgemein anerkannten Methoden helfen, überzeugend zu argumentieren. Wenn Sie in ihre Klausur schreiben, dass Sie die Meinung XY vertreten, weil das gut zu Ihrem heutigen Horoskop passt: Werden Sie dann eine gute Note erhalten?

"Vermutlich nicht," antwortete Sabine.

Natürlich nicht. Wenn Sie also auf die astrologische Analyse des Rechts verzichten, dann müssen Sie irgendwelche anderen Methoden verwenden, nicht wahr?

"Ja."

Und über die müssen Sie sich dann einige Gedanken machen. Aber im Zusammenhang mit effektivem Lernen nur insoweit, als es sich um den herkömmlichen und allgemeinen Stand der Methodenlehre handelt. Fragen des zukünftigen Rechts lasse ich hier weg.

"War das nicht Ihr anderes Buch?"

Richtig. Das war ein anderes Buch, nicht für Studenten, obwohl die es auch gerne lesen dürfen. Also, ich verspreche, dass ich mich hier kurz fasse und nur auf wirklich allgemein anerkannte Methoden beschränken werde. Meine eigenen grundsätzlichen Überlegungen haben in diesem Buch nichts verloren. Und *Kant* und *Platon* und *Radbruch* müssen Sie auch woanders treffen.

Methoden der Gesetzesauslegung

> "Im wesentlichen aber scheint mir die her-
> kömmliche Methodenlehre, wie sie seit Sa-
> vigny herausgebildet worden ist, noch eine
> genügend feste Plattform zu bilden, der sich
> der Jurist unserer Tage als Basis seiner
> Gedankenarbeit anvertrauen darf."
>
> *Engisch*, Einführung in das juristische
> Denken, 7. Aufl. 1977, 11.

Gerhard Mardorf (Name von mir frei erfunden) kam aus den Ferien zurück. Die Geschichte spielt Ende der 1950er Jahre. Er fuhr in einem Mercedes Typ 219 über die Grenze. Auch damals schon eine teure Marke. Wurde vom Gericht später auf einen Wert von etwa 10.000 DM geschätzt.

Wie man an seinem Auto sieht hatte Gerhard Mardorf Geld. Unter anderem auch deswegen, weil er Steuern schon aus Prinzip hinterzog, wo nur immer möglich.

In diesem Fall hatte er Kaffee und Zigaretten im Kofferraum versteckt. Um Zoll zu hinterziehen.

Die Waren wurden aber an der Grenze gefunden. Pech für Gerhard Mardorf. Er musste 39.95 DM Zoll zahlen. Und eine Geldstrafe von 100 DM wegen versuchter Steuerhinterzie-hung.

Von seinem Mercedes musste er sich auch verabschieden.

Der war nämlich als "Beförderungsmittel für die Begehung der Tat" verwendet worden. Und § 401 der Abgabenordnung verlangte daher die Einziehung.

Wert der Geldstrafe: Hundert Mark. Wirtschaftlicher Wert der Einziehung: Zehntausend Mark.

Das Landgericht Waldshut war mit dem Strafverfahren gegen Gerhard Mardorf befasst. Die Richter waren mit diesem Ergebnis nicht einverstanden.

Natürlich gehört versuchte Steuerhinterziehung bestraft. Aber mit einer Nebenfolge, die um den Faktor hundert über der eigentlichen Geldstrafe liegt?

Das kann ja wohl nicht mit dem Grundsatz der Verhältnismäßigkeit von Schuld und Strafe vereinbar sein, sagten sich die Richter.

Und sie legten daraufhin dem Bundesverfassungsgericht die Frage vor, ob § 401 der Abgabenordnung verfassungsmäßig ist.

Die Entscheidung des Verfassungsgerichts über den Mercedes von Gerhard Mardorf ist im elften Band der amtlichen Entscheidungssammlung auf Seite 126 veröffentlicht. Sie ist vom 17. Mai 1960.

Und in einer Liste meistzitierter Entscheidungen des Verfassungsgerichts kommt sie auf Platz zwei. Diese Liste beruht auf Daten vom Frühjahr 1997. Untersucht wurde an Hand der Datenbank Rechtsprechung in JURIS, welche Entscheidungen in anderen Entscheidungen am häufigsten zitiert werden. Der Platz 2 in dieser Rangordnung ergab sich mit einer absoluten Anzahl von 156 anderen Entscheidungen, in denen diese Entscheidung zitiert wird.

Jedenfalls ein Grund, diesem Urteil etwas Aufmerksamkeit zu widmen.

Der andere Grund liegt darin, dass dort ebenso wie in der Entscheidung auf Platz drei der Liste (veröffentlicht in Band 1 der Entscheidungssammlung auf Seite 299) grundlegende Ausführungen zur Methode der Auslegung von Gesetzen gemacht werden.

Das Verfassungsgericht sagt (Seiten 129 bis 131):

"Während die 'subjektive' Theorie auf den historischen Willen des 'Gesetzgebers' = Gesetzesverfassers, auf dessen Motive in ihrem geschichtlichen Zusammenhang abstellt, ist nach der 'objektiven' Theorie, die in Rechtsprechung und Literatur immer stärkere Anerkennung gefunden hat, Gegenstand der Auslegung das Gesetz selbst, der im Gesetz objektivierte Wille des Gesetzgebers. 'Der Staat spricht nicht in den persönlichen Äußerungen der an der Entstehung des Gesetzes Beteiligten, sondern nur im Gesetz selbst. Der Wille des Gesetzgebers fällt zusammen mit dem Willen des Gesetzes' (Radbruch, Rechtsphilosophie, 4. Aufl. 1950, S. 210 f.).

Diesem Auslegungsziel dienen die Auslegung aus dem Wortlaut der Norm (grammatische Auslegung), aus ihrem Zusammenhang (systematische Auslegung), aus ihrem Zweck (teleologische Auslegung) und aus den Gesetzesmaterialien und der Entstehungsgeschichte (historische Auslegung).

Um den objektiven Willen des Gesetzgebers zu erfassen, sind alle diese Auslegungsmethoden erlaubt. Sie schließen einander nicht aus, sondern ergänzen sich gegenseitig. Das gilt auch für die Heranziehung der Gesetzesmaterialien, soweit sie auf den objektiven Gesetzesinhalt schließen lassen. Freilich sind die Vorarbeiten eines Gesetzes für dessen Auslegung immer nur mit einer gewissen Zurückhaltung, in der Regel bloß unterstützend, zu verwerten (RGZ 128, 111). Sie dürfen nicht dazu verleiten, die Vorstellungen der gesetzgebenden Instanzen dem objektiven Gesetzesinhalt gleichzusetzen (z.B. schon RGZ 27, 411, ferner BayVerfGH VGHE NF Bd. 3 II 1950 S. 15 [24]). Der Wille des Gesetzgebers kann bei der Auslegung des Gesetzes nur insoweit berücksichtigt werden, als er in dem Gesetz selbst einen hinreichend bestimmten Ausdruck gefunden hat (vgl. z.B. BGH L/M Nr. 3 zu § 133 BGB).

Das Bundesverfassungsgericht hat bereits in seiner Entscheidung vom 21. Mai 1952 (BVerfGE 1, 299 [312]) ausgesprochen, daß für die Auslegung einer Gesetzesvorschrift der in dieser zum Ausdruck kommende objektivierte Wille des Gesetzgebers maßgeblich ist, so wie er sich aus dem Wortlaut der Gesetzesbestimmung und dem Sinnzusammenhang ergibt, und daß der Entstehungsgeschichte einer Vorschrift für deren Auslegung nur insofern Bedeutung zukommt, 'als sie die Richtigkeit einer nach den angegebenen Grundsätzen ermittelten Auslegung bestätigt oder Zweifel behebt, die auf dem angegebenen Weg allein nicht ausgeräumt werden können.' In seiner Entscheidung vom 15. Dezember 1959 (BVerfGE 10, 234 [244]) hat das Gericht diese Grundsätze erneut bestätigt."

Was bedeutet das jetzt alles für die Entscheidung über den Mercedes? Lasse ich hier dahingestellt. Es kommt nur auf die Ausführungen zur Methode an. Natürlich hindert Sie niemand, die Entscheidung selbst nachzuschlagen und auch der Frage nach dem Ergebnis im konkreten Einzelfall nachzugehen. Ich würde sogar so weit gehen, dies empfehlen zu wollen.

Wir sehen also, das oberste deutsche Gericht hält sich in dieser besonders häufig zitierten Entscheidung nicht an die Methode der astrologischen Analyse des Rechts. Oder an sonst irgendeine exotische Methode, die einer der Autoren in der Diskussion über juristische Methodenlehre in einem Buch vorschlägt, das niemand liest.

Wenn man dem folgt, sind vier Methoden zu unterscheiden.

Ausgangspunkt ist die *Auslegung nach dem Wortlaut*. Wenn im Grundgesetz steht "Die Todesstrafe ist abgeschafft", dann kann nicht ein Richter plötzlich doch eine Todesstrafe verhängen, weil er persönlich mit diesem Ergebnis nicht einverstanden ist. Wenn in dem oben genannten Fall das Gesetz anordnet, dass der Mercedes als "Beförderungsmittel" einzuziehen ist, dann können die Richter versuchen, die Nichtigkeit dieses Gesetzes wegen eines Verstoßes gegen die Verfassung zu begründen. Aber sie haben keinerlei Aussicht, an diesem klaren Wortlaut vorbeizukommen, falls die Nichtigkeit sich nicht begründen lässt.

Der Wortlaut entscheidet einen außerordentlich hohen Anteil aller Fragen. Eben deshalb wird ja auch im Gesetzgebungsverfahren sorgfältig auf die Formulierung geachtet und unter den verschiedenen Parteien und Interessenverbänden heftig um die Gestaltung der Gesetze gekämpft.

Aus meiner Sicht als Professor an einer ausländischen Universität liegt ein Vergleich zur Übersetzung nahe. Die Wortlautauslegung hat zum Ziel, die übliche Bedeutung der in einem Gesetzestext verwendeten Wörter zu klären. Dies ist eben die Aufgabe, die auch der Übersetzer eines Gesetzestextes hat, wenn er etwa eine japanische Übersetzung erstellen will.

Er muss den Sinn jedes deutschen Wortes erfassen. Falls er nicht genügend deutsche Sprachkenntnisse hat, muss er dazu ein Lexikon heranziehen.

Ebenso muss der Anwender eines Gesetzes sorgfältig jedes Wort lesen und dessen Sinn erfassen.

Die zweite vom Verfassungsgericht genannte Methode ist die Auslegung aus dem Zusammenhang, die *systematische Auslegung*. Ein bekanntes Beispiel hierfür ist die Auslegung des Begriffes "sonstiges Recht" in § 823 BGB, dem Spitzenreiter des BGB, mit über 14.000 veröffentlichten Entscheidungen in der Datenbank Rechtsprechung von JURIS.

"Sonstiges Recht" im Sinne von § 823 BGB sind nach einer systematischen Auslegung nur ausschließliche Rechte. Das sind Rechte, die gegen jedermann geltend gemacht werden können, im Gegensatz zu solchen, die nur gegenüber bestimmten Personen bestehen.

Die in § 823 Abs. 1 BGB aufgezählten Rechte sind: Leben, Körper, Gesundheit, Freiheit, Eigentum. Alle diese Rechte sind gegenüber jedermann geschützt. Und daher ausschließliche

Rechte. Anders etwa der Fall einer Forderung auf Zahlung von 10.000 Euro gegen den Schuldner Gerhard Hohmeyer. Dieses Recht besteht nur gegen den einen Schuldner. Es ist damit kein ausschließliches Recht.

Die systematische Auslegung in diesem Fall entnimmt die Bedeutung der Wörter "sonstiges Recht" aus dem Zusammenhang, in dem sie verwendet werden.

Dies ist eine Erscheinung, die auch dem Übersetzer geläufig ist. Das selbe Wort muss je nach dem Zusammenhang in dem es verwendet wird, in der Zielsprache ganz anders übersetzt werden.

Als dritte Methode nennt das Verfassungsgericht die Auslegung aus dem Zweck der Norm, die *teleologische Auslegung*. Das Wort "*teleologisch*" leitet sich von dem griechischen Wort *telos* ab, welches Zweck bedeutet.

Statt *teleologisch* könnte man daher genauso gut "zweckorientiert" sagen. Auf die Gefahr hin, auch von normalen Bürgern verstanden zu werden.

Dies setzt allerdings voraus, dass man den Zweck der Regelung auch angeben kann. So kann man etwa für § 107 BGB guten Gewissens den Zweck der Regelung im Schutz von Minderjährigen sehen. Man kann dann die "Willenserklärung, durch die er nicht lediglich einen rechtlichen Vorteil erlangt" an diesem Zweck orientiert bestimmen. Also zum Beispiel auch solche Geschäfte einbeziehen, die zwar rechtlich nicht vorteilhaft sind, aber auch keine Nachteile mit sich bringen (neutrale Geschäfte). Dies wäre eine zulässige Anwendung der zweckorientierten Auslegungsmethode.

Andererseits ist hier aber auch besondere Vorsicht erforderlich. Leicht kann der Auslegende in Versuchung geraten, irgendwelche Zwecke für maßgeblich zu erklären, die sich nicht aus dem Gesetz ergeben. Dies führt dann dazu, dass der Auslegende die eigenen Wertungen an die Stelle der

Wertungen des Gesetzgebers setzt.

Die vierte vom Verfassungsgericht genannte Methode ist die Auslegung der Norm aus den Gesetzesmaterialien und der Entstehungsgeschichte, die *historische Auslegung*.

Diese Methode hat allerdings einen wesentlichen Nachteil, der gerade in der Situation einer Examensklausur sofort deutlich wird. Sie bezieht sich nicht auf den - auch im Examen zur Verfügung stehenden - Gesetzestext. Vielmehr bezieht sie sich auf irgendwelche anderen Texte. Etwa Begründungen zu Gesetzesentwürfen, oder Protokolle über die Beratungen solcher Entwürfe im Gesetzgebungsverfahren.

Diese Texte sind nicht in der für Gesetze vorgeschriebenen Form verkündet. Sie sind nicht vom Bundespräsidenten unterzeichnet. Sie sind daher nicht Teil des Gesetzes selbst.

Das Bundesverfassungsgericht sagt daher in dieser Entscheidung ebenso wie in der im ersten Band der Entscheidungssammlung, dass die historische Auslegung nur zulässig ist, um die Richtigkeit einer nach den anderen Grundsätzen ermittelten Auslegung zu bestätigen oder Zweifel zu beheben, die damit allein nicht ausgeräumt werden können.

Das kommt dem Bearbeiter einer Examensklausur entgegen. Da er die Protokolle und Begründungen ohnehin nicht greifbar hat, wird er es begrüßen, dass die Auslegung an Hand dieser Texte als Methode nur zweitrangig ist.

Für die Lernstrategie ergeben sich aus dieser Sicht der Dinge:

Die Schulung der eigenen Fähigkeit zur Argumentation wird sich auf die Methoden der Wortlautauslegung, der systematischen Auslegung und der zweckorientierten Auslegung konzentrieren. Nur diese Werkzeuge stehen auch in der Klausur unbeschränkt zur Verfügung. Die Entstehungsgeschichte von Vorschriften wird demgegenüber bei der Stoffauswahl in den Hintergrund zu treten haben.

Zukünftiges Recht

Ich habe oben in einem Dialog versprochen, auf meine grundsätzlichen Vorstellungen von Recht in diesem Buch nicht einzugehen. Dieses Versprechen will ich auch weitgehend halten.

Eine Ausnahme mache ich jetzt aber doch. Und zwar gehe ich der Frage nach, welche Folgerungen sich aus meiner theo-retischen Sicht der Dinge für die Fragen der Lernstrategie ergeben.

Für die Zwecke dieser Zeilen müssen einige einfache Hinweise zum Konzept des zukünftigen Rechts ausreichen.

Ausgangspunkt ist die unbestreitbare Beobachtung, dass die Entscheidungen der Gerichte in vergangene Entscheidungen und zukünftige Entscheidungen eingeteilt werden können.

Vergangene Entscheidungen sind etwa alle in der Datenbank Rechtsprechung von JURIS erfassten Urteile. Hunderttausende an der Zahl.

Zukünftige Urteile erwarten die Parteien eines Prozesses, der heute mit der Einreichung einer Klageschrift eröffnet wird, und möglicherweise in fünf Jahren zu einer Entscheidung des Bundesgerichtshofes führt.

Als Student kann man sich mit zukünftigen Entscheidungen der Gerichte beschäftigen. Man kann etwa in der Zeitung lesen, dass vor dem Bundesverfassungsgericht eine Verfassungs-beschwerde in einer wichtigen Sache erhoben wurde. Wichtig, sonst würde es nicht in der Zeitung stehen.

Und dann kann man sich vorstellen, man sei selbst als Richter zuständig, in dieser Sache zu entscheiden. Oder man sei selbst als Anwalt mit der Sache befaßt. Und den mit der

Klage verbundenen Rechtsfragen dann zu einem Zeitpunkt nachgehen, zu dem eine Entscheidung noch nicht ergangen oder jedenfalls noch nicht verkündet ist.

Wenn ein Student dies tut, kann er unmöglich einfach nur versuchen, die Entscheidung des Gerichts in seinem Langzeitgedächtnis zu verankern. Also eine möglichst genaue und zutreffende Dokumentation dieser Entscheidung in sein Gedächtnis einzuspeichern. Dieses Ziel scheidet im Falle einer Beschäftigung mit zukünftigem Recht von vornherein schon deshalb aus, weil noch niemand die zukünftige Entscheidung kennt.

Vielmehr wird in dieser Situation gar nicht zu vermeiden sein, selber nachzudenken, eine eigene Lösung zu entwickeln, aktiv zu arbeiten. Der strategisch sehr wichtige Grundsatz "*Selber denken macht schlau*" wird verwirklicht. Automatisch.

Ein weiterer Vorteil dieser Lernmethode liegt darin, dass zwangsläufig der Blick auf den Vortrag der an dem Verfahren beteiligten Parteien gelenkt wird. Der Lernende wird dann möglicherweise für eine der beiden Seiten Partei ergreifen. Und mit aller ihm zur Verfügung stehenden Kraft der Argumentation für ein Ergebnis kämpfen.

Dies ist zum einen für die Motivation förderlich. Wie ich oben im Kapitel "Spaß zuerst" begründet habe, ist eine wichtige Quelle von Motivation das eigene Engagement in einer Sache.

Zum anderen darf an dieser Stelle auch einmal in Erinnerung gerufen werden, dass die meisten Juristen später als Anwalt tätig werden. Aufgabe eines Anwaltes ist es sehr häufig, für seine Mandanten vor Gericht zu streiten.

Dann geht es nicht nur darum, die Entscheidung von anderen Gerichten über andere Fälle in der Vergangenheit zu dokumentieren. Vielmehr wird der Anwalt sich zum Ziel setzen müssen, im gerade vorliegenden Fall ein möglichst günstiges Ergebnis für seinen Mandanten zu erzielen. Das ist eine auf die Zukunft gerichtete Perspektive.

Es kann überhaupt nicht schaden, schon in einem frühen Stadium diese Perspektive bewusst zu schulen.

Die Normalfallmethode von *Haft*

> "Im wirklichen Leben dominieren die Normalfälle."
>
> *Haft*, Einführung in das juristische Lernen, 6. Aufl. 1997, 182.

Fritjof Haft hat ein Buch mit dem Titel "Einführung in das juristische Lernen" geschrieben. Es liegt im Moment in der 6. Auflage 1997 vor, mit einem Umfang von inzwischen 431 Seiten. Für ein Buch über "Lernstrategie Jura" liegt es nahe, einige der Empfehlungen von *Haft* zu diskutieren.

Die erste Auflage dieses Buches habe ich vor über zehn Jahren gemeinsam mit einem japanischen Doktoranden zu Übungszwecken in die japanische Sprache übersetzt. Mit einem Zeitaufwand von gut hundert Stunden. Der Grund dafür: Ich war (und bin) der Meinung, dass die "Einführung in das juristische Lernen" ein phantastisches Buch ist. Vor allem wegen der von *Haft* so genannten Normalfallmethode.

Diese erste Auflage war noch wesentlich kürzer. So war etwa die Stelle, wo sich *Haft* als Marzipankartoffelngeschichtenerzähler präsentiert, damals noch nicht zu sehen. Wenn ich meinen eigenen Ratschlägen über verständliche Sprache folge, müsste ich hier schreiben: Die Geschichte von den Marzipankartoffeln fand sich in der ersten Auflage noch nicht. Aber ich konnte der Versuchung nicht widerstehen, ein Wort mit 37 Buchstaben zu schreiben, was sehr wahrscheinlich einen ewigen Rekord in meinen Veröffentlichungen halten wird.

Außerdem werden sich die Leser dieses Buches natürlich fragen "Welche Geschichte über Marzipankartoffeln?". Diese

Frage wird diese Leser nachts nicht mehr schlafen lassen, bis sie den nächsten Buchladen aufsuchen und sich das Buch von *Haft* kaufen. Was sowieso jeder Jurastudent tun sollte.

In der sechsten Auflage findet sich die Darstellung und Diskussion der Normalfallmethode auf den Seiten 181 bis 194. Worin besteht diese Methode? Ich fasse die Empfehlungen dort kurz zusammen.

Ausgangspunkt ist die Beobachtung: In der Praxis sind die normalen Fälle in der Mehrzahl. Die meisten Strafverfahren etwa betreffen Diebstahl, nämlich Ladendiebstahl. Der Richter, der einen solchen Fall nach dem anderen am Fließband erledigen muss, braucht keine umfangreichen Überlegungen dazu anstellen, ob Diebstahl möglicherweise strafbar sein könnte. Dies ist von vornherein jedem Laien und jedem Juristen klar.

Demgegenüber stehen in der Ausbildung die Problemfälle im Vordergrund. Beim Ladendiebstahl also etwa die Frage, wie der Fall zu behandeln ist, dass jemand einen Artikel in die Tasche steckt, dabei aber von einem Verkäufer beobachtet wird. Versuch oder Vollendung, das ist dann die Frage.

Die Normalfallmethode macht sich diesen Vorrang des Normalfalles in der Praxis bewusst. Sie verlangt, auch im Studium zunächst einmal den Normalfall zur Kenntnis zu nehmen. Der Student soll nicht den ganzen Tag nur Probleme "lernen", was sowieso keine gute Strategie ist, weil die vielen Ansichten von Literatur und Rechtsprechung zu den Problemen nicht auf Dauer im Gedächtnis haften bleiben.

Wenn man dies etwa auf den Gleichheitssatz anwendet, die wichtigste Vorschrift im Grundgesetz, dann wird man zunächst einmal einige Fälle bilden, in denen der Gleichheitssatz eindeutig verletzt ist.

Etwa den Fall, dass der Täter X ausgiebige Spaziergänge durch alle Tatbestände des Strafgesetzbuches unternimmt, jeden Tag Vergewaltigungen, Bestechungen, Körperverletzungen usw. begeht, aber nie angeklagt wird. Weil er mit einem hochrangigen Politiker verwandt ist. Zum Glück ist dieser Fall im Moment in Deutschland nur hypothetisch.

Oder der andere Fall, dass alle Beamtenstellen mit einer Besoldung von A16 und höher für die nächsten zwanzig Jahre allein Frauen vorbehalten werden, um frühere Benachteiligungen auszugleichen. Männer, die sich für eine entsprechende Stelle bewerben wollen, werden auf die Möglichkeit einer geschlechtsumwandelnden Operation verwiesen.

Oder schließlich der diesmal leider nicht hypothetische Fall der Juden diskriminierenden Gesetzgebung während der NS-Zeit.

Dies sind jeweils Normalfälle für die drei Absätze des Art. 3 Grundgesetz. An ihnen kann man sich zunächst einmal grundsätzlich klar machen, was der Gleichheitssatz eigentlich sagt. Und wie wichtig er nicht nur nach der Häufigkeit von Entscheidungen in der Praxis, sondern auch für die Verwirklichung von Gerechtigkeit ist.

Eine derartige Methode ist sinnvoll. Ich empfehle sie jedem. Lernen Sie für die wichtigsten Vorschriften der Gesetze zuerst deren Inhalt, indem Sie passende Normalfälle bilden.

Die Normalfallmethode hat aber auch einen zweiten Anwendungsbereich. Sie ist nämlich auch bei der Diskussion von Problemfällen ein mächtiges Hilfsmittel. Man kann das jeweils vorliegende Problem mit einem klar entscheidbaren Normalfall vergleichen. Damit fördert man das Verständnis und gewinnt Argumente.

* * * * *

"Diese Normalfallmethode hört sich ja ganz interessant an", sagte Sabine Meier. "Aber nach dem, was Sie mir oben über den Umgang mit Methodenlehre erklärt haben, kann ich sie leider nicht befolgen."

Wieso?

"Sie haben doch gesagt, dass ich mich an allgemein anerkannte Methoden halten soll. Ist diese Normalfallmethode allgemein anerkannt?"

Nein. Leider noch nicht.

"Aha. Eine Marotte von diesem Professor *Haft*. Kann ich also genauso wenig anwenden wie die astrologische Analyse des Rechts." Sabine war noch nicht von der Normalfallmethode überzeugt.

Nur Mut. Sie können die Methode doch anwenden.

"Und wie?"

Sie könnten sie im Verborgenen praktizieren.

"Also nach außen so tun, als ob ich allgemein anerkannte Methoden der Gesetzesauslegung verwende, aber insgeheim und nur für mich der Normalfallmethode folgen?"

Das wäre eine Möglichkeit.

"Aber wäre das nicht unehrlich? Ich müsste den Leser meiner Texte belügen." Sabine war dazu nicht bereit, wie sich aus dem Ton ihrer Stimme deutlich ergab.

Da haben Sie recht. Ich werde Ihnen daher jetzt gleich einen anderen Weg zeigen.

Weiterentwicklung der Normalfallmethode

> "Die Normalfallmethode ist aber keine Marotte von mir. Sie ist die Grundlage jeder Problembehandlung."
>
> *Haft*, Einführung in das juristische Lernen, 6. Aufl. 1997, 194.

Die "Normalfallmethode" ist in ihrer Anwendung auf die Lösung von problematischen Rechtsfällen nichts weiter als eine konkrete Handlungsanweisung für die allgemein anerkannte Methode der grammatischen Auslegung, der Auslegung nach dem Wortlaut.

Nehmen wir das Beispiel der Beleidigung (§ 185 StGB). Dies ist ein sehr kurzer Straftatbestand. Er besteht nur aus dem einen Wort "Beleidigung".

Wenn man nun dieses Wort nach der grammatischen Methode auslegen will, dann kann man ein Lexikon aufschlagen. Das wird etwa ein japanischer Leser tun, der das deutsche Wort "Beleidigung" noch nie gesehen hat, um dann in dem Lexikon das japanische Wort "*bujoku*" zu finden. "Aha", wird sich der japanische Leser dann sagen. "Das ist, wenn jemand einen anderen '*bakayaro*' nennt."

Man kann aber auch eindeutige Beispielsfälle bilden, um den Begriff zu erklären.

Hier also zwei eindeutige Fälle von Beleidigung: "Du Arschloch!" - "Sie können mich mal! Kreuzweise und spiralenförmig!!".

In diesen Beispielen wird niemand bezweifeln, dass die

betreffenden Äußerungen als Beleidigung zu verstehen sind. Eben deshalb sind sie zur Erläuterung des Begriffes "Beleidigung" geeignet.

Die "Normalfallmethode" tut eben dies. Sie verwendet klare und eindeutige Fälle, um den Inhalt von Begriffen klären, die im Gesetz verwendet werden. Das ist im Grunde nur ein Hilfsmittel zur Wortlautauslegung. Wie ein Lexikon.

Wenn man sich das klar macht, braucht man überhaupt kein schlechtes Gewissen mehr bei der Anwendung dieser Methode zu haben. Sie ist keine *Haft*'sche Sondermarotte, die sonst niemand verwendet. Kein *hopsulöses Hafteln*. Sie ist vielmehr ein mächtiges Werkzeug zur konkreten Anwendung der grammatischen Auslegungsmethode, der Auslegung nach dem Wortlaut der Norm.

Und sie hat den weiteren Vorteil, dass sie in vielen Fällen mit einer Vereinfachung der Fragestellung verbunden ist. Das hilft beim eigenen Verständnis. Und bei der Überzeugungskraft der eigenen Argumentation. Denn nur eine verständliche Argumentation hat irgendeine Chance, beim Adressaten zu wirken. Ich verweise auf den Abschnitt oben zum Thema "einfache Argumentation".

Diese grammatische Auslegungsmethode ist - anders als die "Normalfallmethode" - vom Bundesverfassungsgericht in ständiger Rechtsprechung anerkannt. Wenn Sie in einer Klausur schreiben, dass Sie jetzt den Wortlaut des Begriffes X in der Norm Y auslegen und dann zu diesem Zweck klare und eindeutige Beispielsfälle bilden, dann kann niemand, aber auch wirklich niemand, Ihnen eine exotische Methodenwahl vorwerfen.

Erklären wir das noch weiter an einem Beispiel. Bei dem Tatbestand der Nötigung in § 240 StGB gibt es eine nicht unerhebliche Diskussion in Rechtsprechung und Literatur um die Frage, in welchen Fällen eine Sitzdemonstration als "Gewalt" im Sinne dieser Vorschrift aufzufassen ist. Sie finden diese Entscheidungen in jedem Kommentar nachgewiesen.

Wenn Sie jetzt die Methode der Wortlautauslegung verwenden, können Sie ein Lexikon aufschlagen. Dann werden Sie feststellen, dass das Wort "Gewalt" in der deutschen Sprache zahlreiche Bedeutungen hat. So spricht man etwa von der "Gewaltenteilung" und meint damit nicht etwa die Teilung zwischen Faustschlägen und Fußtritten. Daraus können Sie dann Folgerungen für die Behandlung der Sitzdemonstration ableiten.

Sie können aber auch zunächst einmal von einem eindeutigen Fall ausgehen. Bilden Sie einen Fall. Der Täter Robert Weinberger prügelt und tritt auf das Opfer Julia Morsendorf ein und verlangt, dass sie sofort mit dem Klavierspielen aufhört, das ihm auf die Nerven geht. Klarer Fall von Gewalt.

Oder bilden Sie den umgekehrten Fall. Der Täter Alois Stern vom Orden der erleuchteten Erkenntnis setzt sich zu einer ausgedehnten Meditationssitzung von 30 Stunden vor die Türe des örtlichen Rathauses, um den Gemeinderat zur Annahme einer von ihm geforderten Resolution über die Einheit von Gott, Mensch und Natur zu bewegen. Mitarbeiter des Rathauses sind gezwungen, jeweils zwei Sekunden zusätzlich aufzuwenden, um einen Bogen um Alois Stern zu machen. Klarer Fall von gewaltloser Aktion.

Vergleichen Sie dann den Ihnen zur Beurteilung vorliegenden Fall einer Sitzdemonstration mit diesen eindeutigen Fällen. Haben Sie drei Pazifisten, die friedlich und zurückhaltend auf dem Bürgersteig vor einer Kaserne gegen Atomwaffen protestieren? Oder haben Sie eine Menge von hundert wütenden und aufgeregten Leuten, die den Eingang zu einem Gericht derart blockieren, dass niemand mehr durchkommt, um sich gegen ein als ungerecht empfundenes Urteil auszusprechen? Wie groß ist der rein physische Effekt der Aktion? Welche konkreten Beeinträchtigungen gehen davon aus?

An Hand aller dieser Umstände werden Sie dann entscheiden können, ob das betreffende Verhalten vor dem Hintergrund der oben genannten Normalfälle noch als "Gewalt" bezeichnet werden kann. Und Sie verlassen dabei mit keinem Schritt die Auslegung nach dem Wortsinn. Methodisch völlig unumstritten und der Ausgangspunkt für jede andere Auslegung, vor allem im Strafrecht.

Die erste Weiterentwicklung der "Normalfallmethode" ist also ihre Einordnung in das Schema der hergebrachten Auslegungsmethoden. Damit brauchen Sie kein schlechtes Gewissen mehr bei der Anwendung dieses mächtigen Werkzeuges zu haben.

Eine zweite Weiterentwicklung: Die "Normalfälle" müssen nicht unbedingt "normal" im Sinne von alltäglich sein. Sie können vielmehr auch Extremfälle bilden. Es kommt vor allem darauf an, dass das Ergebnis der Wertung für jeden klar und eindeutig ist. Dafür eignen sich Extremfälle häufig besonders gut.

Das will ich an einem Beispiel erklären, das ich ebenfalls dem Buch von *Haft* entnehme (Einführung in das juristische Lernen, 6. Auflage 1997, Seite 156). *Haft* berichtet über eine mündliche Prüfung, in der er gefragt habe, ob ein Schwimmbad ein "Gewässer" im Sinne von § 324 StGB sei (eine Vorschrift aus dem Umweltstrafrecht, auf deren Inhalt es hier nicht weiter ankommt).

Hier kann man zur Antwort jetzt vom Wortlaut des Merkmals "Gewässer" ausgehen. Und dann als Normalfälle beispielsweise einen See oder einen Fluss angeben. Ein Kandidat würde also auf die Frage etwa antworten:

"Für die Frage kommt es darauf an, was man unter einem Gewässer zu verstehen hat. Dazu beginne ich mit einer Wortlautauslegung dieses Begriffes, indem ich einige eindeutige

Beispiele suche. Ein Fluss oder ein See sind Beispiele für Gewässer. Diese unterscheiden sich von einem Schwimmbad in zwei Punkten. Erstens enthalten sie mehr Wasser. Zweitens sind sie nicht künstlich geschaffen."

Mit dieser Analyse kann der Kandidat dann im weiteren Verlauf des Gespräches zu der Wertung gelangen, dass ein Schwimmbad kein Gewässer ist.

Er kann aber auch darüber hinaus die folgenden Extremfälle wählen.

"Eine Badewanne ist *kein* Gewässer. Ein Glas Wasser ist ebenfalls *kein* Gewässer. Für diesen Begriff kann es daher nicht reichen, dass überhaupt Wasser irgendwo angesammelt ist. Vielmehr muss es sich um eine erhebliche Menge davon handeln. Daran fehlt es auch bei einem Schwimmbad."

Mit anderen Worten: Die für die Wortlautauslegung verwendeten Beispiele können genauso gut negativer Art sein. Und weit weg von dem möglicherweise von dem Begriff erfassten Inhalt. Man mag dies Extremfalldenken nennen. Ein Beispiel hierfür war meine Argumentation mit einer offensichtlich unzulässigen "astrologischen Analyse des Rechts" als Methode. Jeder wird mir hier zustimmen müssen, von ganz unbelehrbaren Anhängern der Astrologie einmal abgesehen.

Beide Formen der Argumentation sind Werkzeuge zur Wortlautauslegung. Und beide sind mächtige Waffen. Sie können zu klaren und überzeugenden Argumenten führen. Und sie funktionieren immer, auch wenn man die Rechtsprechung und Literatur zu einem drittrangigen Paragrafen wie 324 StGB nicht abrufbereit hat. Denn ebenso wie der Laie, an den sich diese Vorschrift vor allem richtet, hat jeder Jurist ein grundsätzliches Verständnis der deutschen Sprache. Es gilt nur, dieses Verständnis im Einzelfall auch wirklich zu entfalten.

Selber denken macht schlau: *Joseki*

"Nur durch Selbstdenken lernt man das Recht kennen."

Mittermaier, Wie studiert man Rechtswissenschaft, 1911, 4.

"*Joseki*? Was soll denn *das* schon wieder sein?", fragte Sabine Meier.

Sie sprechen es falsch aus. Das "J" muss wie im Englischen ausgesprochen werden. Dschohseki, wenn Sie deutsche Konventionen verwenden wollen.

"Und? Was ist das?"

Wissen Sie, was mich als deutschen Juristen ausgerechnet nach Japan verschlagen hat?

"Der hohe Yen-Kurs? Ein hohes Gehalt?"

Nein.

"Was dann?"

Ich habe schon von Kind an das japanische Brettspiel *Go* gespielt. Und als Student angefangen, mich mit der japanischen Sprache zu beschäftigen, weil ich Bücher und Zeitschriften über *Go* im Original lesen wollte.

"Ja und?"

Nun, erstens ist das ein Beispiel für den Grundsatz "Spaß zuerst". Ich hatte ein starkes Motiv. Ich wollte die Sprache nicht nur irgendwie lernen, weil sich das irgendwann später einmal möglicherweise als nützlich erweisen könnte. Vielmehr wollte ich Literatur zum *Go*-Spiel lesen, jetzt, die mich wirklich interessiert hat. Ich habe es deshalb nie als Mühe empfunden, etwa japanische Schriftzeichen zu lernen. Aber darum geht es jetzt nur am Rande.

"Sie haben immer noch nicht erklärt, was ein *Joseki* sein soll."

Einer der Fachbegriffe zum *Go*-Spiel. Es ist eine feststehende Eröffnungsvariante, die von allen gespielt wird, weil sie gerecht ist, zu einem Ergebnis führt, das für beide Seiten ausgeglichen ist.

"Das mag schon sein. Kommen Sie zur Sache." Sabine wurde langsam etwas ungeduldig.

Es gibt in Japan professionelle *Go*-Spieler. Einige hundert. Die durchlaufen eine Ausbildung. Diese Ausbildung kann man mit der Juristenausbildung vergleichen.

"Professionelle Spieler? Spielen die um Geld?"

Ja. Aber nicht wie ein professioneller Poker-Spieler um eigenes Geld. Vielmehr um Geldpreise, die von Sponsoren bezahlt werden. Vor allem von den großen Zeitungen. Die Spitzenspieler sind berühmt und verdienen Millionen.

"Und wie sieht die Ausbildung aus?"

Der wichtigste Unterschied ist im Lebensalter. Die meisten fangen spätestens mit zehn Jahren ihre professionelle Ausbildung an und bestehen wenige Jahre später die Aufnahmeprüfung. Wer es bis zum achtzehnten Lebensjahr nicht geschafft hat, kann diese Karriere meist vergessen. Die Juristen fangen dann gerade erst an. Und ein Teil dieser Ausbildung sind *Joseki*-Kenntnisse. Die kann man mit Kenntnissen der Rechtsprechung bei Juristen vergleichen.

"Wieso?", fragte Sabine.

Weil es Abfolgen aus bereits abgeschlossenen Partien sind.

Das Ergebnis steht jeweils schon fest. Ebenso wie eine Entscheidung des Bundesverfassungsgerichts bereits feststeht, wenn Sie sich damit beschäftigen können. Sehen Sie jetzt den Zusammenhang?

"Nein."

Nun, stellen Sie sich vor, Sie dürften alle diese früheren Abfolgen bei einer Partie heranziehen. Etwa den nächsten Zug in einem großen *Joseki*-Lexikon nachschlagen. Würde Ihnen das reichen, um gegen einen anderen professionellen Spieler zu gewinnen?

"Natürlich. Die Züge, die ich nachschlage, sind ja alle schon als hervorragend eingestuft. Sonst wären sie ja in dem Lexikon nicht verzeichnet", antwortete Sabine.

Das stimmt aber nicht. Jedenfalls beim *Go*-Spiel reicht es keineswegs, früher gespielte Varianten im Kopf zu haben. Es kommt vielmehr darauf an, dieses Wissen für das eigene Spiel auch anzuwenden. Können Sie sich vorstellen, weshalb das so ist?

"Weil jede Partie anders abläuft?"

Genau. Die *Joseki*-Kenntnisse sind sicher nützlich. Aber es kommt vor allem darauf an, sie an die konkrete Situation angepasst auch richtig zu verwenden. Sie können als professioneller Spieler nicht einfach nur vorgefertigte Bausteine aus einem Lexikon übernehmen. Sie müssen *selber denken*. Und ich behaupte, dass es bei den Juristen genau so ist. Auch Juristen brauchen die Fähigkeit zum eigenen Denken. Und zwar schon und gerade im Examen.

"Weil auch bei den Juristen die Situation in jedem Fall etwas unterschiedlich ist?"

Genau. Jedenfalls bei den interessanten Fragen. Wenn Sie wissen wollen, ob Ladendiebstahl strafbar ist, ob in Deutschland die Todesstrafe verhängt wird, ob der Käufer den Kaufpreis für die gekaufte Sache zu zahlen hat, dann reicht natürlich ein Blick in das Gesetz. Das ist Anfängerniveau. Dazu brauchen Sie kein Studium an einer Universität.

Bei den interessanten Fragen dagegen ist die Situation in jedem Fall unterschiedlich, ebenso wie jede *Go*-Partie etwas anders ist als alle anderen vorher. Sie können nicht einfach Zug 43 aus einer Partie *Takagawa* gegen *Sakata* aus dem Jahre 1963 in Ihre Partie jetzt übernehmen, weil in Ihrer Partie sehr wahrscheinlich die Stellung in einer anderen Ecke des Brettes anders aussieht. Ebenso können Sie bei interessanten Rechtsfragen nicht einfach eine Entscheidung des Bundesgerichtshofes aus dem Jahre 1963 übernehmen, weil der damalige Fall eben immer etwas anders gelagert sein wird, als der, den Sie jetzt zu beurteilen haben.

"Aber in vielen Fällen kommt es doch auf diese Unterschiede nicht an", sagte Sabine.

Das stimmt. Das sind dann aber wieder die weniger interessanten Fälle. Wenn Sie nach Schema F verfahren können, dann brauchen Sie natürlich nicht selber denken. Das ist aber nicht immer so. Und gerade an den Fällen, in denen Sie *nicht* einfach nur alles so machen können, wie es schon immer in der Rechtsprechung gemacht wurde, zeigt sich die wirkliche juristische Fähigkeit.

Reine Anwendung von Entscheidungen ist kinderleicht, kann also logischerweise nicht Ziel eines Studiums auf Universitätsniveau sein. Jeder kann einen Zug aus dem Joseki-Lexikon übernehmen und in seiner Partie spielen. Aber nur der Meister kann dieses Wissen auch richtig auf die konkrete Situation anwenden. Nur der Meister weiß überhaupt, wo er selber nachdenken muss. Und es gibt noch ein weiteres Argument.

"Nämlich?"

Wenn alle Juristen nur Rechtsprechung abschreiben

könnten, wer soll dann diese Rechtsprechung überhaupt schaffen?

Selber Denken macht schlau: Zitate und eigene Gedanken

"Juristen sind autoritätsgläubige Leute."

Haft, Nachweis folgt sogleich im Text.

Fritjof Haft schreibt in seinem Buch "Juristische Rhetorik" (6. unveränderte Auflage 1999, Seite 118):

"Eine besondere Erwähnung verdient die topische Figur der Autoritätsverwendung. Juristen sind autoritätsgläubige Leute. Wer sich auf den BGH oder die herrschende Meinung berufen kann, wird behandelt, als hielte er damit schon Argumente in Händen - obwohl er meist nur mehr oder weniger schlecht passende Zitate besitzt. Ein Satz wie 'Der Montag folgt auf den Sonntag' erscheint dem Juristen nackt und trivial. Derselbe Satz erhält durch Zitate juristischen Adel, z.B. 'Der Montag (dazu RGSt 7, 14; 13, 26; BVerfGE 17, 8) folgt (a. M. Müller-Seibermann in: NJW 77, 1788 'schließt sich an' - dagegen treffend AG Dietzenbach in: Kritische Justiz 78, 55) auf den Sonntag (h. M. entgegen der Sonntagsvorausgehungstheorie, die auf Savigny zurückgeht, aber bereits durch Ihering in seiner Schrift 'Der Kampf um den Montag', Leipzig 1859, widerlegt wurde. Zum Ganzen auch Baumann: Sonntag, Montag und was dann? Kritische Gedanken zur Woche, Berlin 1977). '"

Karl-Friedrich Lenz (das bin ich, auch wenn das schon lange her ist) schreibt in dem Buch "Das Ungewöhnlichste im Recht" (1992, Seite 185, unter der Überschrift "Das Zitat mit der geringsten Überzeugungskraft"):

"Man bedenke die folgende Übungs- und Wiederholungsfrage zum Recht der einstweiligen Verfügung:

102

In einer bekannten Entscheidung des BGH vom 12.3.1974 (ZfE 1975, 308) findet sich folgender Satz: 'Wie der BGH bereits in zahlreichen Verfahren auf Erlaß einer einstweiligen Verfügung festgestellt hat, kann in Fällen besonderer Dringlichkeit und Existenzgefährdung des Antragstellers der Antragsgegner auch bereits durch einstweilige Verfügung zur Leistung herangezogen werden (sog. Leistungsverfügung). '

Was fällt Ihnen daran auf?

Zur Beantwortung dieser Frage ist auf § 545 Abs. 2 Satz 1 ZPO hinzuweisen, wonach im Verfahren des einstweiligen Rechtsschutzes die Revision nicht zulässig, ein Urteil des BGH also nicht möglich ist, schon gleich nicht in 'zahlreichen Verfahren'. Denn Verfahren des einstweiligen Rechtsschutzes müssen schnell erledigt werden, damit verträgt sich ein Instanzenzug bis zum BGH nicht. Inhaltlich ist allerdings der zitierte Satz ganz richtig, in der Tat wird eine sog. Leistungsverfügung für zulässig gehalten. Weiter ist die ungewöhnliche Abkürzung 'ZfE' auffällig. Sie bedeutet 'Zitat frei erfunden.'

Ein frei erfundenes Rechtsprechungszitat hat den geringsten denkbaren Überzeugungswert. Warum ist das so? Was bewirkt umgekehrt für ein treffendes Zitat einer BGH-Entscheidung die Überzeugungskraft, die ein derartiges Zitat einer Aussage verleiht? Gibt es umgekehrt zu dem Grenzfall eines Zitates mit einem Überzeugungswert von null auch den Grenzfall eines Zitates mit einer maximalen Überzeugungskraft? Begründet das Zitat eines OLG-Urteils mehr oder weniger zusätzliche Überzeugungskraft als das Zitat eines juristischen Lehrbuches, eines berühmten Gelehrten?"

Diese beiden Äußerungen behandeln frei erfundene Zitate. Die von *Haft* ist eher als Satire zu verstehen. Er kritisiert hier, dass die eigentliche Aussage häufig durch überflüssige Zitate verziert wird. Ich werfe dagegen die Frage auf, wo eigentlich der Grund für die Überzeugungskraft von Zitaten liegt. Und ich verwende das erfundene Zitat (die Tatsache der freien Erfindung wird erst im Laufe der Lektüre deutlich) als Extremfall für diese Fragestellung.

Jedenfalls verwenden Juristen ständig Zitate. Warum? Nur zur Verzierung, wie in der Satire von *Haft*?

Wenn man die Frage ernsthaft stellt, haben Zitate für Juristen zwei Funktionen.

Die eine liegt in einer verkürzenden Darstellung von Argumenten. *Haft* schreibt, wer sich auf den BGH berufe, werde behandelt, als hielte er schon Argumente in Händen. Und hält dies offenbar nicht für richtig.

Tatsächlich hält der Zitierende aber *wirklich* schon Argumente in Händen. Nämlich alle die Argumente, die in der zitierten Entscheidung des BGH angeführt werden. Wenn das Zitat nicht frei erfunden ist, sollten sich wenigstens einige Argumente dort finden lassen.

Das Zitat hat damit die Funktion, den zitierten Text in verkürzter Form in einen eigenen Text einzubauen. Der Zitierende könnte statt dessen die Entscheidung vollständig abschreiben (das Urheberrecht schützt den Text von Urteilen nicht). Oder er könnte die in der Entscheidung angeführten Argumente mit eigenen Worten schildern. Die erste Funktion des Zitates besteht in einer Verkürzung.

Die zweite Funktion liegt in der mit dem Zitat verbundenen Autorität. Es ist ein Unterschied, ob eine Ansicht von irgendeinem Teilnehmer an der Diskussion einer juristischen Frage oder etwa vom Bundesverfassungsgericht vertreten wird.

Denn die Gerichte und unter ihnen wiederum die hohen Gerichte entscheiden diese Fragen letztlich verbindlich. Alle anderen können sich zwar auch dazu äußern, haben aber nur beschränkten Einfluss.

Und vieles spricht dafür, dass im nächsten Fall die entsprechende Frage von der Rechtsprechung wieder ebenso behandelt wird. Die Kenntnis dieser Rechtsprechung ist daher zur Beurteilung von Rechtsfragen in der Praxis wichtig.

Aus diesen beiden Gründen findet sich in der juristischen Literatur ein hoher Anteil von zitierten Informationen. Dieser liegt in den meisten Fällen bei über fünfzig Prozent, häufig in der Gegend von neunzig Prozent. Etwa bei einem Kommentar, der den ganz überwiegenden Anteil der Wörter auf den Nachweis von Literatur und Rechtsprechung verwendet und nur einen geringen Anteil des zur Verfügung stehenden Platzes für eigene Gedanken des Autors nutzt.

Diese eigenen Gedanken sind aber der wichtigere Teil jedes juristischen Textes. Im Zeitalter von CD-ROM und Internet-Suchmaschinen wird der reine Nachweis von Dingen, die anderswo nachzulesen sind, immer unwichtiger. Wer ein juristisches Buch schreibt, in dem er zu hundert Prozent nur darstellt, was andere geschrieben haben, kann sich auch diese Arbeit an sich sparen. Erst wenn der Autor irgendeinen eigenen Gedanken äußert, hat das Buch einen Sinn. Dann stellt sich natürlich immer noch die Frage, ob der betreffende Gedanke gut ist. Aber ohne eigene Ideen ist das ganze Buch im wesentlichen überflüssig.

Was für den Autor eines juristischen Buches gilt, das gilt ebenso für den Lernenden. Es kommt weniger darauf an, die Gedanken von anderen zu erfassen. Die eigene Fähigkeit zur Argumentation ist zu schulen. Die Rechtsprechung ist wichtig, so wie für den professionellen Go-Spieler *Joseki* wichtig sind. Aber deren Kenntnis ist nicht das wichtigste Ziel. Das wichtigste Ziel ist die Fähigkeit zum eigenen Denken, zur eigenen überzeugenden Argumentation.

Dieser Punkt ist für die Frage der Lernstrategie für Juristen von entscheidender Bedeutung. Die Aufgabe wird nämlich viel leichter.

Das eigene Denken, die eigene Argumentation ist immer

möglich. Die Anhäufung von Zitaten setzt dagegen voraus, dass man Zugang zu den zitierten Texten hat. Entweder in der Form von Büchern und Datenbanken, oder im eigenen Langzeitgedächtnis.

Nur letzteres steht im Examen zur Verfügung. Und im Verhältnis zum Umfang aller juristischen Information findet sich im Langzeitgedächtnis immer nur ein Bruchteil.

Wenn man sich daher klar macht, dass die eigene überzeugende Argumentation sogar der wichtigere Teil der juristischen Arbeit ist, dann wird aus einem niemals erreichbaren Lernziel vollständiger Dokumentation von Rechtsprechung und Literatur im eigenen Gedächtnis ein viel leichter erreichbares Lernziel.

Selber denken macht schlau. Und selber denken kann man immer, selbst wenn man die Rechtsprechung zu einer Frage gerade nicht im Langzeitgedächtnis gespeichert hat.

106

Computer und Lernstrategie

> "I do not fear computers. I fear the lack of them."
>
> *Isaac Asimov* (1920-1992).

Noch müssen wir vermutlich einige Jahrtausende warten, bis jemand eine Lernmaschine baut, wie sie *Asimov* in seiner Science-fiction Geschichte beschreibt.

Aber wir haben Computer. Und wir haben das Internet.

Welchen Einfluss hat diese Entwicklung auf die juristische Lernstrategie?

Erstens meine ich, dass sich daraus ein weiteres Argument für meine Forderung "Anwendungsfertigkeiten vor Wissen" ergibt.

Denn es wird in Zukunft immer leichter, Daten zu vergangenen Entscheidungen der Gerichte im Internet zu finden. Die Suchmaschinen werden immer besser. Und immer mehr Gerichte stellen ihre Entscheidungen ins Netz.

Dies bedeutet logischerweise, dass der Marktwert von Wissen sinkt. Was vor zwanzig Jahren nur mit einem längeren Ausflug in eine juristische Bibliothek und erheblicher Erfahrung mit der Ermittlung von Rechtsprechung zu finden war, ist heute schon häufig über einige Mausklicke erreicht. Und diese Entwicklung wird in die gleiche Richtung weitergehen.

Zweitens bedeutet dies aber auch, dass die Fähigkeit zum Umgang mit Computern ein neues wichtiges Lernziel wird. Sie müssen in der Lage sein, das Internet zu nutzen. Oder Datenbanken in der Form von CD-Roms. Wer das nicht kann, wird bei der Suche nach Informationen zu juristischen Fragen einen erheblichen Wettbewerbsnachteil in Kauf nehmen müssen. Die Suche über das Internet ist in vielen Fällen schneller und kostet weniger Geld als die Suche mit den traditionellen Arbeitsmitteln des Juristen (Kommentare, Sammlungen von Gesetzen und Rechtsprechung).

Drittens und vor allem bedeutet die Entwicklung des Internet aber auch eine geradezu revolutionäre neue Chance zur Verbreitung eigener Ideen.

Der Grund dafür liegt letztlich in den wesentlich geringeren Kosten gegenüber dem Buchdruck. Auch diese Kosten sind durch die Entwicklung von *Books on Demand* wesentlich gesunken. Sie liegen aber immer noch deutlich über den Kosten der Einrichtung einer Seite im Internet. Diese gehen für einfache Projekte gegen null.

Das bedeutet, dass Sie selbst aktiv juristische Texte an die ganze Welt verteilen können. In der traditionellen Umgebung war es die große Ausnahme, wenn jemand schon als Student die Gelegenheit etwa zur Veröffentlichung eines Aufsatzes in einer Fachzeitschrift erhielt. Heute ist es die Regel. Jeder kann im Internet in Erscheinung treten. Wenn Sie dort nicht existieren, dann ist das ganz allein Ihre Entscheidung. Und Ihre Schuld.

Wenn Sie also meinen Ratschlägen oben folgen und sich Entscheidungen suchen, mit denen Sie *nicht* einverstanden sind, dann können Sie eine ausführliche Kritik solcher Entscheidungen verfassen und sie ins Internet stellen. Dazu müssen Sie keine Redaktion einer Fachzeitschrift überzeugen.

Und wenn Sie das tun, dann werden Sie möglicherweise daraus weitere Motivation beziehen können. Sie schreiben dann nicht mehr nur für sich allein. Es ist nicht völlig auszuschließen, dass sich ein Leser auf Ihre Homepage verirrt und Ihre Kritik zur Kenntnis nimmt. Oder möglicherweise sogar zwei oder drei.

Das führt dann logischerweise dazu, dass Sie Ihre Urteils-anmerkungen in einem klaren, kurzen und verständlichen Stil verfassen. Und dass Sie von vornherein auch an den Leser denken.

Ein vierter Gesichtspunkt ist die Möglichkeit, Ranglisten zur Wichtigkeit von Informationen zu erstellen. Wie ich sie oben für die wichtigsten Gesetze bereits vorgestellt habe. Das von mir verwendete Kriterium der Anzahl von Entscheidungen in der Datenbank Rechtsprechung von JURIS setzt logi-scherweise das Bestehen dieser Datenbank voraus.

An dieser Stelle sei erwähnt, dass die in letzter Zeit sehr erfolgreiche Internet-Suchmaschine *google.com* mit einem ähnlichen Konzept arbeitet. Internet-Seiten, die von vielen anderen Seiten zitiert werden, landen an der Spitze. Ebenso wie in meinem Modell Paragrafen, die von vielen Urteilen zitiert werden.

Eine Datenbank wie JURIS wird mit der weiteren Verbreitung des Internet gewisse Probleme bekommen. Die Benutzer werden immer weniger Anlass haben, für Recht-sprechungsdaten und die Möglichkeit zu ihrer Suche zu bezahlen, je mehr solche Daten kostenlos im Internet stehen und über kostenlose Suchmaschinen gefunden werden können.

Daher ist es möglicherweise eine Zukunftsaufgabe für eine Datenbank wie JURIS, nicht nur einfach Informationen zu sammeln, sondern Rangfolgen der Wichtigkeit zu erstellen. Also zu den urheberrechtsfrei verfügbaren Informationen einen zusätzlichen Wert hinzuzufügen, der Zahlungen der Benutzer rechtfertigen kann.

*   *   *   *   *

"Wollen Sie mir jetzt auch noch zumuten, eine *Homepage* ins

Internet zu stellen?" sagte Sabine Meier.

Ja. Natürlich. Sie wissen schon, wie der Zustand ohne *Homepage* mit einem Wort genannt wird?

"Nein."

Homeless. Obdachlos. Kein erstrebenswerter Zustand.

"Aber ich habe keinen Computer."

Dann sieht Ihre Zukunft pechschwarz aus. Kaufen Sie sofort einen Rechner. Wenn Sie ein paar Jahre altes Modell gebraucht kaufen, kostet das nicht besonders viel. Aber Sie können sich in einem Wissensberuf heutzutage schlicht nicht mehr leisten, Computer und Internet zu ignorieren. Das gilt in Zukunft noch in verstärktem Maße. Wenn Sie auf Ignoranz in diesem Punkt setzen, verringern Sie Ihre Berufsaussichten erheblich.

"Ich bitte Sie! Ich will ein juristisches Staatsexamen machen. Dazu brauche ich doch nicht auch noch das Programmieren zu lernen." Sabine war noch nicht überzeugt.

Da haben Sie völlig recht. Sie brauchen aber heutzutage genauso wenig Programmieren zur Computerbedienung wie Erfahrung als Mechaniker zum Autofahren. In Ihr Auto setzen Sie sich rein, drehen den Schlüssel und fahren los. Beim Computer ist es genauso. Die Technik läuft im Hintergrund von allein.

"Auch wenn ich eine *Homepage* im Internet eröffnen will?"

Auch dann. Der damit verbundene Aufwand ist zu mindestens 95 Prozent Arbeit an den Inhalten, die Sie dort veröffentlichen wollen. Also rein juristische Arbeit, wenn Sie den Ratschlägen oben folgen. Die verbleibenden 5 Prozent technische Arbeit sind kinderleicht. Wenn Sie damit nicht fertig werden, haben Sie an einer Universität ohnehin nichts verloren.

"Und was soll ich dann in eine solche *Homepage* reinschreiben?" fragte Sabine.

Das müssen Sie schon selbst entscheiden. Schließlich ist es *Ihre* Seite. Sie haben aber einen gewaltigen Vorteil gegenüber allen anderen Studienrichtungen.

"Nämlich?"

Der weite urheberrechtsfreie Raum. Das Urheberrecht schützt keine Gesetzestexte. Und keine Rechtsprechung. Sie können dieses Material völlig frei verwenden. Ohne irgend jemanden vorher fragen zu müssen. Damit können Sie sich zu irgendeinem Spezialgebiet, das Sie gerade interessiert, schnell eine größere Menge von Inhalten aufbauen. Ohne selbst auch nur einen interessanten Gedanken zu haben. Nicht, dass ich das auf die Dauer empfehlen will. Im Gegenteil, ich habe schon gesagt, dass Sie vor allem Ihre Fähigkeit zum eigenen Denken und Argumentieren schulen sollten. Aber wenn Sie bei Null anfangen und schnell eine halbwegs interessante *Homepage* aufbauen wollen, ist die Dokumentation von Rechtsprechung oder Gesetzen zu einem Spezialgebiet sicher ein guter Einstieg. Einen solchen weiten urheberrechtsfreien Raum haben Studenten in keinem anderen Fach zur Verfügung.

Am nächsten Tag kaufte Sabine einen fünf Jahre alten Laptop für 120 Euro und fing an, damit zu spielen. Ihre Homepage zum Thema "Deutsches und Europäisches Weinrecht" ging zwei Wochen später auf Sendung. Schon nach einem Monat hatte sie hundert Besucher auf dieser Seite erreicht.

Objektive und relative Schwierigkeit des Examens

> "Es wird im Examen von uns nicht mehr
> verlangt, ja vielleicht sogar ein bißchen weni-
> ger, als früher von anderen."
>
> *Herzberg*, JuS 1988, 239, 244.

Glauben Sie, dass das Examen in Deutschland schwierig ist?

"Ja", antwortete Sabine Meier. "Immerhin fallen knapp dreißig Prozent der Kandidaten durch. War vor kurzem wieder in der *Juristischen Schulung* zu lesen. Gestern hat der Dozent in meiner Vorlesung zum Bürgerlichen Recht uns aufgefordert, jeweils unsere Nachbarn auf der rechten und linken Seite kurz anzuschauen. Und uns klar zu machen, dass von den drei Leuten im Schnitt einer auf der Strecke bleibt."

Dreißig Prozent sind noch gar nichts.

"Wie bitte? Ich finde, das ist schon eine ganze Menge."

In Japan fallen über 95 Prozent der Kandidaten beim ersten Staatsexamen durch.

"Wirklich? Kaum zu glauben."

Die Zahlen stimmen schon. Andererseits können die Kandidaten beliebig oft antreten. Die erfolgreichen Kandidaten haben *im Schnitt* an mehr als fünf Examensterminen teilgenommen. Glauben Sie, dass das Examen in Japan schwerer ist als in Deutschland?

"Natürlich. Bei den Durchfallquoten."

Das stimmt aber nicht.

"Wieso?"

Schauen Sie sich etwa die Prüfung zum Bürgerlichen Recht an. In Japan wird sie in zwei Stunden abgenommen. Die Kandidaten haben in dieser Zeit zwei Fälle zu lösen. Also nur eine Stunde Zeit pro Fall. Wissen Sie, wie das in Deutschland ist?

"Nein."

In Deutschland haben Sie *fünf Stunden* Zeit. Für *eine* Aufgabe. Und zum Bürgerlichen Recht haben Sie zum Beispiel nach der Bayerischen Prüfungsordnung *vier* Aufgaben zu bearbeiten. Das sind insgesamt zwanzig Stunden, also um den Faktor zehn mehr als die japanische Klausur zum Bürgerlichen Recht. Deshalb sind die Prüfungsfragen in dem japanischen Examen relativ simpel, etwa auf dem Niveau einer deutschen Anfängerübung.

"Das ändert aber doch nichts an den hohen Durchfallquoten."

Genau. Und jetzt kommt das Paradox: Die Prüfung ist um so leichter, je schwieriger sie ist.

"Klar. Wie sollte es wohl sonst sein", sagte Sabine. *Jetzt spinnt er wieder*, dachte sie sich.

Ich sehe, ich habe meinen Punkt noch nicht deutlich gemacht. Nehmen Sie folgenden Extremfall. Im Examen erhalten Sie als Prüfungsfrage in der ersten Klausur: "Was bedeutet die Abkürzung: BGB?". Wäre das eine einfache Klausur?

"Natürlich."

Natürlich *nicht*. Denn jeder Kandidat wüsste die Antwort. Bürgerliches Gesetzbuch. Wie wollen Sie sich dann gegenüber anderen Konkurrenten profilieren? Sie müssen verstehen, dass es zwei verschiedene Maßstäbe für die Schwierigkeit von Prüfungen gibt.

"Nämlich?"

Die objektive Schwierigkeit. Das Niveau der Fragestellung auf der einen Seite. Und die relative Schwierigkeit. Nur auf diese kommt es für das Ergebnis an.

"Und was soll diese relative Schwierigkeit bedeuten?"

Nun, nehmen sie wieder das Beispiel des japanischen Staatsexamens. Die Aufgaben sind objektiv simpel. Auf dem Niveau einer deutschen Anfängerübung. Aber die Japaner beschränken die Zahl der erfolgreichen Kandidaten auf tausend pro Jahr. Sie müssen also unter die besten tausend kommen. Und dabei gegen andere Kandidaten antreten, die womöglich schon fünf Jahre länger als Sie 14 Stunden am Tag für dieses Examen gelernt haben. Jeden Tag.

"Ich verstehe. Ein objektiv leichtes Examen kann also schwer zu bestehen sein?"

Genau. Und umgekehrt. Ein Examen mit objektiv gesehen schwierigen Prüfungsfragen kann relativ einfach sein. Es kommt eben immer darauf an, wieviele Konkurrenten es gibt und wie fähig diese Konkurrenten sind. Genau besehen kommt es allein darauf an. Das meine ich mit relativer Schwierigkeit.

"Damit verstehe ich aber Ihr Paradox immer noch nicht."

Halten wir zunächst noch einmal fest, dass es vor allem auf die relative Schwierigkeit ankommt. Objektiv außerordentlich schwierige Prüfungsfragen verlieren ihren Schrecken, wenn sie sich ein Feld von Konkurrenten vorstellen, die fehlende Begabung mit besonderer Faulheit kombiniert und obendrein eine denkbar dumme Lernstrategie verfolgt haben. Umgekehrt ist ein objektiv gesehen simples Examen furchterregend, wenn Sie gegen ein Feld von Konkurrenten antreten müssen, die im Schnitt fünf Jahre mehr als Sie investiert haben, hochbegabt sind und eine optimale Lernstrategie gewählt haben.

"Das ist mir jetzt klar. Und das Paradox?"

114

Je geringer die objektive Schwierigkeit liegt, um so höher wird die relative Schwierigkeit. Wenn das Niveau im Examen auf das von Klausuren in Anfängerübungen abgesenkt würde, müsste sich jeder noch so geringe Fehler viel stärker auswirken. Denn alle anderen Kandidaten machen auch viel weniger Fehler.

"Aha. Das mag ja alles sein. Auch nicht völlig ohne Interesse. Aber haben solche Überlegungen irgendeinen strategischen Wert?"

Ja. Sie sind nützlich, um eine richtige Einstellung zum Examen zu gewinnen. Wenn Sie erkennen, dass die objektive Schwierigkeit keine Rolle spielt, dass Sie mit einer objektiv schwierigen Prüfungsfrage sogar eine in der relativen Schwierigkeit einfachere Aufgabe haben, weil alle anderen Kandidaten dann auch mehr Fehler machen und sich *Ihre* Fehler weniger auswirken: Wenn Sie sich das bewusst machen, dann brauchen Sie keine Angst mehr vor schwierigen Fragen haben.

"Ich habe sowieso keine Angst", sagte Sabine.

Logisch. Sie haben ja gerade erst mit dem Studium angefangen. Das Examen ist noch weit weg. Sie kennen seine Schrecken noch nicht. Aber es ist wichtig, dass Sie diese Einstellung auch behalten. Und dabei kann Ihnen die Überlegung oben helfen. Ich habe auch noch eine ganz einfachen Vergleich, um das zu verdeutlichen.

"Nämlich?"

Stellen Sie sich vor, Sie sind in einer größeren Menschenmenge. Diese wird von einem Velociraptor verfolgt. Einem Fleischfresser. Hässlich, gemein und schnell.

"Keine angenehme Vorstellung, aber gut. Und dann?"

Dann müssen Sie sich nur noch klar machen, dass Sie nicht schneller rennen müssen als der Raptor. Es reicht, wenn Sie schneller als die meisten anderen in der Menge rennen. Dann wird nämlich jemand anders gefressen. Und inzwischen können Sie dann in aller Ruhe aus der Gefahrenzone schlendern.

"Und im Examen ist es genauso?"

Richtig. Sie brauchen nicht schneller rennen als der Aufgabensteller. Sie brauchen keine perfekte Arbeit abzuliefern. Es reicht, wenn Sie schneller rennen als die meisten anderen Kandidaten. Die objektive Schwierigkeit von Prüfungsaufgaben ist für *diese* Frage völlig irrelevant. Aber vergessen Sie trotzdem eines nicht.

"Was?"

Rennen Sie mit voller Kraft, wenn es Ernst wird.

Kiai

"Das Ziel des Rechts ist der Friede, das
Mittel dazu ist der Kampf."

Jhering, Der Kampf ums Recht, 1872,
Ausgabe in der Reihe "Deutsches
Rechtsdenken" 5. Aufl. 1977, 5.

Kiai ist ein japanisches Wort, das im Zusammenhang mit
Kampfsportarten häufig verwendet wird.

Das ist für unseren Zusammenhang wichtig, weil auch das
Schreiben einer juristischen Klausur eine Kampfsportart ist.
Auch wenn Sie mit geistigen Waffen kämpfen. Sie kämpfen
darum, auf den Prüfer einen überzeugenden Eindruck zu
machen. Als Rechtsanwalt kämpfen Sie später darum, für
Ihren Mandanten überzeugend zu wirken.

Kiai lässt sich etwa mit Kampfgeist übersetzen. Es bedeutet
aber auch volle Konzentration. Stellen Sie sich einen
ernsthaften Schwertkampf mit echten Samurai-Schwertern
vor. Der kleinste Fehler führt dazu, dass Ihr Kopf neben Ihnen
auf dem Boden liegt. Wo er nicht hingehört. Deswegen werden
Sie mit voller Konzentration, vollem Kampfgeist, aller geistigen Energie, hellwach an diesen Schwertkampf herangehen.
Eben diese Einstellung ist auch ideal für die Kampfsportart
Staatsexamen.

Nehmen wir zwei Kandidaten im Staatsexamen. Kandidat A
hat hundert Entscheidungen mehr als Kandidat B im
Gedächtnis. Aber Kandidat B hat einen wirkungsvollen,
einfachen und überzeugenden Stil. Und Kandidat B geht mit
Kiai zur Sache, wenn es wirklich Ernst wird. In diesen beiden

Punkten ist er A überlegen.

Ich behaupte, dass B das bessere Ergebnis erreichen wird.

Mit anderen Worten: Auch psychische Faktoren spielen eine Rolle für den Erfolg. Die ideale Einstellung ist souveräne Gelassenheit, gepaart mit einem starken Selbstvertrauen. Sie haben so lange an Ihrer Methode gearbeitet und Ihre Fähigkeit zur klaren, methodengerechten und überzeugenden Argumentation so weit entwickelt, dass Sie mit *jeder* Fragestellung im Examen fertig werden. Wenn überhaupt, dann freuen Sie sich über einen schwierigen und unbekannten Fall. Weil der Ihnen noch mehr Spaß macht als irgendein nach Schema F zu beantwortender Routinefall.

Ich meine, dass es strategisch gesehen eine gute Idee ist, diese professionelle Einstellung beim juristischen Lernen bewusst zu schulen.

Erfreulicherweise decken sich die Methoden dazu mit dem, was bereits oben aus anderen Gründen ausgeführt wurde. Sie brauchen keine *Zen*-Seminare besuchen. Sie brauchen keinen Psychologen als Trainer einstellen.

Vielmehr reicht es, wenn Sie an den juristischen Stoff mit eigenen Ansichten herangehen. Wenn Sie sich für eine der Seiten in dem jeweiligen Streit engagieren. Wenn Sie auch selbst in den Ring treten und an der Auseinandersetzung aktiv teilnehmen.

Mit einem Wort: Wenn Sie sich selbst als professionellen Juristen vom ersten Tag an ernst nehmen.

Und nebenbei: Alle Vorbereitungen für das Examen sollten Sie einige Tage vor der ersten Klausur vollständig einstellen. Und sich für die eigentliche Examenszeit von zwei Wochen mit hundert Prozent ihrer Energie auf den Kampf um diese Klausuren konzentrieren. Was Sie in den Jahren bis zum Examen nicht gelernt haben, lernen Sie auch in den letzten Tagen davor nicht mehr.

Sie können natürlich noch bis morgens um drei vor der ersten Klausur irgendwelche Rechtsprechung auswendig lernen wollen. Wenn Sie das tun, garantieren Sie sich allein damit zwei bis drei Punkte weniger im Endergebnis. Ich rate ab.

Der effektivste Lernweg

> "Lernen durch Wiederholen ist daher die Lernmethode mit dem besten Wirkungsgrad."
>
> *Lenz*, Nachweis des Zitates sogleich.

Unter dieser Überschrift habe ich in meinem 1992 erschienen Buch "Das Ungewöhnlichste im Recht" bereits einige Überlegungen zum Thema dieses Buches entwickelt. Ich zitiere (Seiten 16 bis 18):

"Wenn man als Student, als Dozent oder als Verfasser eines Lehrbuches hauptberuflich mit der Vermittlung von juristischem Wissen beschäftigt ist, sollte man sich zu einem möglichst frühen Zeitpunkt Gedanken über die verschiedenen Methoden des juristischen Lernens machen. Eine möglichst effektive Methode bringt bei gleichem Zeitaufwand und gleicher Begabung die besten Lernergebnisse. Optimale Ergebnisse sind vor allem für den Studenten wichtig, der sich in der Konkurrenz der Staatsexamina durchsetzen muß. Aber auch den Dozenten und Verfassern von Lehrbüchern sollte an möglichst guten Lehrerfolgen einer Vorlesung oder eines Lehrbuches liegen; denn sie sind die eigentliche Aufgabe der Vorlesung und des Lehrbuches, wenn auch Lehrbücher häufiger für Professoren als für Studenten geschrieben werden. Überlegungen zur Methode des juristischen Lernens sind also für beide am Lernprozeß beteiligten Seiten wichtig. (...)

So liegt etwa beim durchschnittlichen Studenten der Wirkungsgrad einer Vorlesung vermutlich nur ungefähr bei 20 Prozent. Als Dozent ist man schon froh, wenn die Studenten gelegentlich zuhören und niemand einschläft; allzuviel "Aktivität" kann man nicht erwarten. Aber auch mit diesem niedrigen Wirkungsgrad kann man einige Informationen fast sicher ins Langzeitgedächtnis der Studenten bringen. Es ist dafür nur notwendig, sie häufig zu wiederholen. Wenn man einen niedrigen Wirkungsgrad von 20 Prozent annimmt, aber eine Aussage im Laufe einer Vorlesung zehnmal wiederholt, sinkt die Wahrscheinlichkeit des Vergessens auf nur gut 10 Prozent. Das kann man mit einem Taschenrechner leicht nachprüfen (0,8 hoch zehn). Es läßt sich auch anhand einer einfachen Überlegung bestätigen. Vermutlich kennt der Leser den Unterschied zwischen Coca-Cola und Shell (andernfalls empfiehlt sich besondere Sorgfalt beim Tanken und Trinken). Der Grund dafür liegt in einer unzählbar häufigen Wiederholung dieser und vieler anderer Markennamen in der Werbung, die ihnen einen Stammplatz im Langzeitgedächtnis aller Verbraucher sichert. Wenn der Leser den Unterschied zwischen Trennungsprinzip und Abstraktionsprinzip nicht kennen sollte, dann liegt das vermutlich daran, dass sich niemand bisher die Mühe gemacht hat, ihm diesen Unterschied ähnlich häufig zu erklären, wie das bei der Werbung für Markennamen geschieht.

Lernen durch Wiederholen ist daher die Lernmethode mit dem höchsten Wirkungsgrad. Mit der Anzahl der Wiederholungsschritte steigt der Gesamtwirkungsgrad beliebig weit gegen 100 Prozent. *Der effektivste Lernweg ist Lernen durch Wiederholen;* alle anderen Lernwege haben völlig unzureichende Wirkungsgrade.

Daraus ergeben sich einfache Folgerungen für die Vermittlung juristischen Wissens. Vor allem muß man sich Gedanken darüber machen, welcher Teil des Stoffes am wichtigsten ist. Und diesen wichtigsten Teil muß man als Dozent in einer Vorlesung häufiger wiederholen. Nur so kommt man wenigstens für die wichtigsten Aussagen zu einem akzeptablen Gesamtwirkungsgrad. (...)"

So weit meine Vorstellungen zum effektiven Lernen vor zehn Jahren. Inzwischen habe ich noch einige andere Ideen zu dem

Thema entwickelt und oben dargestellt. Aber ich glaube nach wie vor, dass die zitierten Überlegungen *auch* richtig sind. Erst durch Wiederholung bleibt irgendeine Information sicher im Langzeitgedächtnis.

Deshalb ist es meiner Ansicht nach die vermutlich dümmste Strategie überhaupt, eine größere Anzahl von Texten der Reihe nach nur passiv zu lesen. Etwa dreitausend Entscheidungstexte, hundert Lehrbücher und fünfhundert Aufsätze in fünftausend Lernstunden bis zum Examen.

Das ist deshalb so dumm, weil der einzelne Text bei dieser Strategie wenig Aussicht hat, im Langzeitgedächtnis verankert zu bleiben. Was man heute lernt, wird sofort von dem Stoff verdrängt, den man einige Tage später liest.

Dies ist umgekehrt ein weiterer Grund dafür, dass die im Kapitel "Spaß zuerst" empfohlene Methode effektiv ist. Sie suchen eine Entscheidung zu einer zentral wichtigen Vorschrift, mit der Sie nicht einverstanden sind. Dann suchen Sie sich Munition, um die Begründung dieser Entscheidung in viele sehr kleine Stücke zu zersprengen. Oder Sie suchen ein Loch an einer wichtigen Stelle in Ihrem Wissen. Wenn Sie es gefunden haben, lesen Sie zwanzig oder dreißig Texte nur zu dieser Frage.

Wenn Sie so vorgehen, ist die Wiederholung automatisch eingebaut. Sie beschäftigen sich so intensiv mit ein und derselben Frage für so lange Zeit, dass alle Texte sich gegenseitig in ihrer Lernwirkung verstärken. Zwar brauchen Sie etwas länger, als wenn Sie zu der betreffenden Frage nur ein oder zwei Abschnitte in einem Lehrbuch oder Kommentar gelesen hätten. Dafür bleibt Ihnen das dabei erworbene Wissen aber auf Dauer erhalten. Ganz abgesehen davon, dass Sie mehr Spaß haben und schon allein deswegen der prozentuale Wirkungsgrad jeder Lernminute gegenüber einem nicht engagierten, passiven Lernenden mindestens um den Faktor zwei höher ist.

Ein Beispiel für die Anwendung der Strategie

> "Visionen sind nichts anderes als Strategien des Handelns (...) wir brauchen auch die Kraft und die Bereitschaft, sie zu verwirklichen."
>
> *Herzog*, Ansprache am 26.4.1997, www.europa.de/d/herzog/berlin.htm.

"Können wir jetzt mit Ihrer phänomenalen Strategie endlich mit dem wirklichen Lernen anfangen?" fragte Sabine Meier.

Ja. Wir können es jedenfalls versuchen.

"Versuchen?"

Natürlich. Sie sollen erste Schritte mit der Methode versuchen. Sie glauben hoffentlich nicht, dass gleich diese ersten Schritte absolut ideal verlaufen werden. Das macht aber nichts. Ihre Lernstrategie wird mit der Zeit immer besser.

"Also gut, es kann losgehen. Was soll ich jetzt tun?"

Als erstes suchen wir uns ein Thema.

"Fangen wir mit Verfassungsrecht an. Mit dem Gleichheitssatz in Artikel 3 Grundgesetz."

Gute Idee. Zeigen Sie jetzt mit Ihrer Websoftware auf die Seite des Bundesverfassungsgerichts.

"Wo ist die?" Sabine hatte inzwischen ihren Internet-Zugang eingerichtet.

Bei www.bundesverfassungsgericht.de. Logisch, nicht wahr? Übrigens funktioniert www.bverfg.de auch.

"Gut, habe ich getan. Und was jetzt?"

Jetzt suchen wir uns eine Entscheidung zum Gleichheits-satz.

"Wie?"

Sie haben zwei Möglichkeiten. Sie können entweder alle Entscheidungen ansehen oder über die Pressemitteilungen des Gerichts auf ausgewählte Entscheidungen zugreifen.

"Was empfehlen Sie?"

Am Anfang gehen Sie besser über die Pressemitteilungen. Beim Bundesverfassungsgericht landet viel Schrott. Verfassungsbeschwerden, die sofort im Papierkorb archiviert gehören. Die aber auch alle mit einer kurzen Begründung abgewiesen werden müssen. Auch wenn sie völlig uninteressant sind. Wenn Sie über die Pressemitteilungen gehen, dann können Sie diesen Lärm ausblenden und gleich zu den wirklich wichtigen Fragen vorstoßen.

"Ich verstehe". Sabine Meier klickte den Menüpunkt "Pressemitteilungen" an. Schon nach kurzer Zeit hatte sie eine Gleichheitsfrage gefunden. Die Pressemitteilung Nr. 28/2002 vom 6. März 2002, mit dem Titel "Ungleiche Besteuerung bei Renten und Pensionen verfassungswidrig".

Sehen Sie, wie wichtig der Gleichheitssatz in der Praxis ist?

"Ja", antwortete Sabine. "Aber Renten und Pensionen? Muss ich mir das antun?"

Nein. Im Gegenteil. Wenn Sie das Gebiet nicht besonders interessiert, was in Ihrem Alter kein Wunder ist, dann suchen Sie weiter. Es gibt genug Entscheidungen zum Gleichheitssatz.

Sabine brauchte nun einige Minuten, um drei bis vier Monate weiter zurück die Pressemitteilung Nr. 109/2001 vom 5. Dezember 2001 zu finden, mit dem Titel "Entschädigung auch bei 'kalter Enteignung' geboten - § 1 Abs. 3 Entschädigungsgesetz nichtig."

Kommt Ihnen das eher interessant vor?

"Ja. Aber die Frage reißt mich auch nicht gerade vom Hocker. Da geht es um ehemaliges DDR-Vermögen, oder? Bis ich mit meinem Studium fertig bin, interessiert das doch sowieso niemanden mehr."

Gut. Suchen Sie weiter.

Weitere drei Minuten später hatte Sabine die Pressemitteilung Nr. 98/2001 vom 16. Oktober 2001 aufgeschlagen. "Diplom-Juristen können auch in West-Berlin Notare werden", war der Titel. "Noch so eine Übergangsfrage. Interessiert mich auch nicht besonders", sagte Sabine.

Kein Problem. Es gibt noch über 14,700 andere Kandidaten, antwortete ich.

Die nächste Entscheidung zum Gleichheitssatz hätte Sabine fast übersehen. Der Titel der Pressemitteilung Nr. 85 vom 24. August 2001 war unscheinbar. "Zur Bewilligung von Prozesskostenhilfe". Sie hat sich dann aber richtig gesagt, dass sie zumindest einen Blick darauf werfen sollte, um zu sehen, worum es dabei geht.

"Schon wieder eine Entscheidung zum Gleichheitssatz", sagte Sabine. "Diese hier hört sich interessant an. Was ist Prozesskostenhilfe?"

Eine Ausprägung des Gleichheitssatzes. Mit der Prozesskostenhilfe soll vermieden werden, dass nur Reiche ihr Recht durchsetzen können. Sie wird als staatliche Unterstützung gewährt, wenn jemand die Kosten eines Verfahrens nicht selbst tragen kann. Besonders für Anwälte sind Kenntnisse zur Prozesskostenhilfe sehr wichtig. Versuchen Sie doch einmal, sich die eigentliche Entscheidung anzusehen. Ein *Link* auf diese Entscheidung ist in dem Text der Pressemitteilung eingebaut.

Sabine klickte auf den *Link* und holte sich die Entscheidung auf den Bildschirm. Vollständig, sogar mit einem dekorativen

Bundesadler auf der ersten Seite.

"Ich sehe, die Verfassungsbeschwerde war erfolgreich", sagte Sabine. "Die Rechtsfragen, um die es hier geht, verstehe ich aber nicht."

Kein Wunder. Die damit befassten Verwaltungsgerichte haben sie auch nicht verstanden. Deshalb sind ihre Entscheidungen vom Verfassungsgericht hier aufgehoben worden. Ist Ihnen die prinzipielle Gleichheitsfrage klar?

"Nein."

Dann empfehle ich, die Randnummern 18 bis 20 des Beschlusses zu lesen. Versuchen Sie, eine Zusammenfassung dieser Ausführungen zu schreiben.

Sabine öffnete ihr Textverarbeitungsprogramm schrieb: "Der unbemittelte Bürger soll in die Lage versetzt werden, eine Klage zu erheben, wenn diese Klage Aussicht auf Erfolg hat. Und diese Erfolgsaussicht darf nach Ansicht des Verfassungsgerichts nicht zu eng verstanden werden."

Das ist richtig. Die entscheidenden Fragen sind jetzt aber: Interessiert Sie diese Problematik? Und würden Sie als Richter ebenso entscheiden?

"Ja. Ja."

Gut. Damit haben wir einen ersten Ansatzpunkt. Wenn wir keine noch interessantere Entscheidung finden, wird der nächste Schritt sein, die in den Randziffern 18 bis 20 zitierte frühere Rechtsprechung des Verfassungsgerichtes nachzulesen. Damit habe ich allerdings ein Problem.

"Welches?"

Sie stimmen der Entscheidung zu. Ich übrigens auch. Überzeugt mich völlig, ich hätte genau so entschieden. Das ist *schlecht*. Denn damit entfällt leider die mögliche Motivation, gegen ein ungerechtes Urteil ankämpfen zu wollen, die ich oben im Kapitel "Spaß zuerst" beschrieben habe. Ich schlage vor, noch etwas weiter in den Pressemitteilungen zu suchen.

"Gut." Einige Minuten später hatte Sabine die Pressemitteilung Nr. 69/2001 vom 29. Juni 2001 gefunden. Mit dem Titel "Mindestbemessungsgrenze für Selbständige in der gesetzlichen Krankenversicherung verfassungsgemäß". Damit hat der erste Senat des Gerichts entschieden: Es ist kein Verstoß gegen den Gleichheitssatz, wenn Selbständige bei einer freiwilligen Versicherung in der gesetzlichen Krankenversicherung im Vergleich zu Arbeitnehmern mehr als doppelt so hohe Mindestbeiträge zahlen müssen. "Interessiert mich nicht besonders", sagte Sabine.

Also, weiter.

"Diese nächste Entscheidung ist offenbar unrichtig", sagte Sabine. Sie hatte die Pressemitteilung Nr. 53/2001 vom 17. Mai 2001 auf dem Bildschirm. "Kommunale Besteuerung von 'Gewaltspielautomaten' zulässig". Und als nächstes holte sie sich die Entscheidung selbst. Dort hatte das Gericht über die Frage zu entscheiden, ob eine Gemeinde eine höhere Steuer auf Spielautomaten in einem *Game Center* erheben darf, wenn die betreffenden Automaten Gewalt als Thema des Spieles haben.

Sehr gut! Ein Volltreffer! Warum ist dieser Beschluss unrichtig?

"Weiß ich noch nicht", antwortete Sabine. "Aber ich sehe nicht ein, wieso bei Spielautomaten höhere Steuern je nach Inhalt des Spiels zu zahlen sein sollen, bei Büchern oder Filmen aber nicht."

Ausgezeichnet! Dann haben Sie jetzt die nötige Motivation, um dieser Frage umfassend nachzugehen. Suchen Sie nach mehr Informationen dazu in der Bücherei. Und schreiben Sie eine Stellungnahme, mit der Sie diesen Beschluss in Grund und Boden versenken. Die richtige Arbeit fängt *jetzt* an. Und sie wird Ihnen hoffentlich so viel Spaß machen, dass Sie gar nicht merken, dass es sich um Arbeit handelt.

* * * * *

Damit sind wir am Ende dieses Buches.

Und Sie können, wie Sabine, mit der wirklichen Arbeit anfangen. Ich hoffe, dass meine Ratschläge Ihnen helfen, eine effektive Lernstrategie zu entwickeln.

Viel Glück. Und viel Spaß bei Ihrem Studium.